Los Mejores Recuerdos
Fond Memories

Una Colección de Cuentos en español y en inglés

A Collection of Stories in Spanish and English

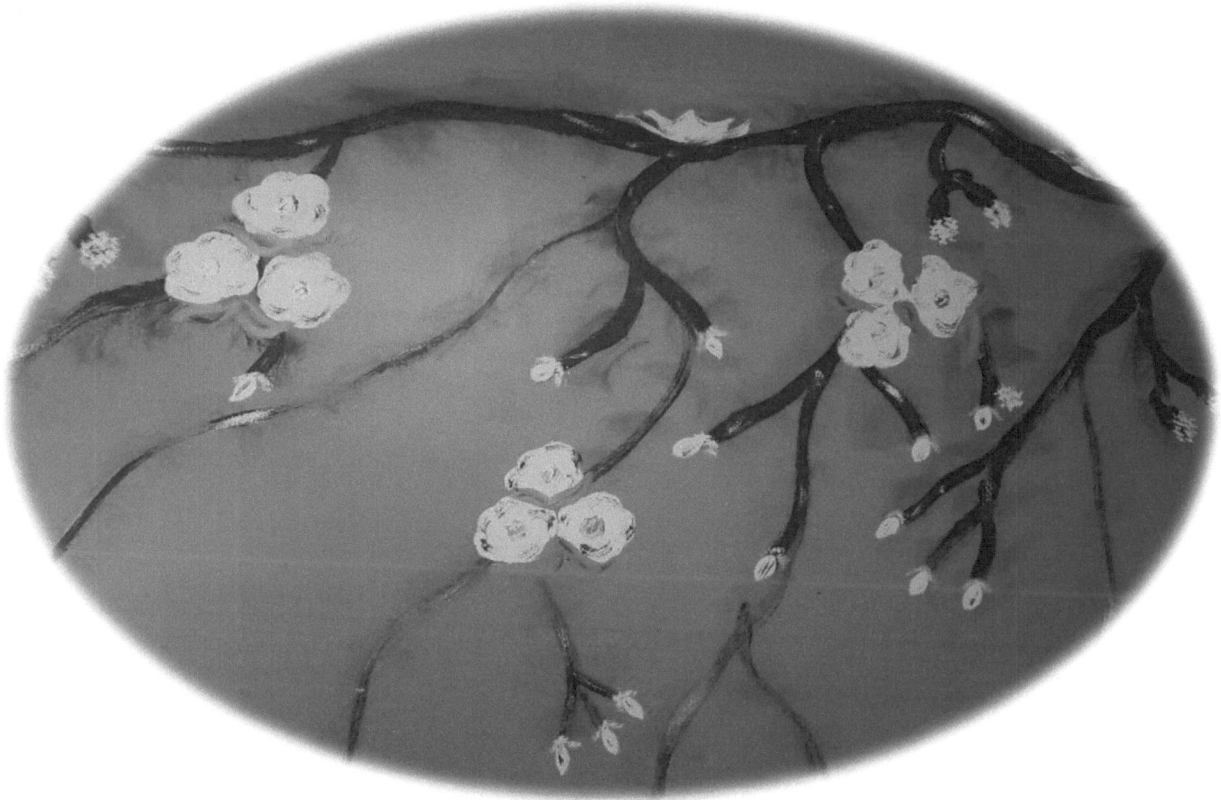

Borderlands: Local Literacy Series

Edited by Carolyn O'Gorman-Fazzolari

Los Mejores Recuerdos

Fond Memories

Una Colección de Cuentos en español y en inglés

A Collection of Stories in Spanish and English

Carolyn O'Gorman-Fazzolari, Ph.D.

Tarija-Sur Publishing

Las Vegas, NV

Cover drawing by Amalia Saldívar Paz
Spanish stories edited by José Naranjo

Images are used with permission from Google and under fair use.

Nota del Editor

Gracias por su interés en leer esta sentida recopilación sentida de historias, escrita por seis mujeres brillantes y bilingües. Cada historia única se presenta en español y en inglés, por lo que, ya sea usted monolingüe o bilingüe, disfrutará leyendo seis apasionadas reflexiones sobre tiempos presentes y pasados. Las autoras trabajaron diligentemente en este proyecto durante el verano de 2020, después de que se cerraran las puertas de la universidad y todos se fueran a casa debido a la pandemia mundial. Dedicamos tres meses a este proyecto con reuniones semanales online y con una amplia colaboración. Nunca perdimos el ritmo, por lo que lo que usted tiene es un regalo con raíces en la expresión creativa y la dedicación. Y quizás lo más importante, desarrollamos amistades que las palabras no pueden expresar.

Me gustaría agradecer a las mujeres que compartieron sus historias personales en esta compilación:

Amalia Saldívar Paz
Braulia Castillo
Leticia Calderón
Nora Silvia Cardoza Ochoa
Sylvia Hurtado Mendiola
Verónica Galaz Cazares

Si bien he tenido maravillosas experiencias de enseñanza y aprendizaje a lo largo de mis 25 años de carrera, nunca he experimentado ni he sido parte de un proyecto tan increíble, uno que surgió de la reflexión, el intercambio y la inspiración. Honro a las seis mujeres mencionadas anteriormente.

Tenga en cuenta: todos los ingresos de la venta de este libro van directamente a una organización sin fines de lucro que brinda apoyo financiero y emocional a mujeres con cáncer de mama, mujeres que de otro modo no tendrían los medios para recibir atención y cuidados médicos.

Acerca de Borderlands: Serie de alfabetización local: Todos tienen una historia que compartir. Celebrar las experiencias humanas es la esencia de quiénes somos. Las narrativas locales dan forma a las relaciones y definen nuestras comunidades. Cada libro de esta serie incluye escritos de estudiantes, padres, vecinos y miembros de la comunidad, y está diseñado para despertar al autor y celebrar nuestras voces. Las ganancias de cada libro de la serie benefician a una organización comunitaria sin fines de lucro con objetivos centrados en el cuidado de los más vulnerables de nuestra comunidad.

-Carolyn O'Gorman-Fazzolari, Ph.D.

Editor's Note

Thank you for your interest in reading this heart-felt compilation of stories - written by six brilliant, bilingual women. Each unique story is presented in Spanish and English, so whether you are monolingual or bilingual, you will enjoy reading six passionate reflections about times present and past. The authors worked diligently on this project over the summer of 2020 - after the college doors closed and everyone went home due to the global pandemic. We dedicated three months to this project with weekly online meetings and extensive collaboration. We never missed a beat, thus what you hold is a gift with roots in creative expression and dedication. And perhaps most important, we developed friendships that words cannot express.

I would like to acknowledge the women who shared their personal stories in this compilation:

Amalia Saldívar Paz
Braulia Castillo
Leticia Calderón
Nora Silvia Cardoza Ochoa
Sylvia Hurtado Mendiola
Verónica Galaz Cazares

While I have had wonderful teaching and learning experiences over the course of my 25-year career, I have never experienced or been a part of such an incredible project, one that grew out of reflection, sharing and inspiration. I honor the six women mentioned above.

Please note: All proceeds from the sale of this book go directly to a non-profit organization that provides financial and emotion support to women with breast cancer – women who would otherwise not have the means to receive medical attention and care.

About *Borderlands: Local Literacy* series: Everyone has a story to share. Celebrating human experiences is at the heart of who we are. Local narratives shape relationships and define our communities. Each book in this series includes writings by students, parents, neighbors, and community members, and is designed to *awaken new opportunities in authorship and celebrate our individual and collective voices*. Proceeds from each book in the series benefit a non-profit community organization with goals centered on caring for our community's most vulnerable.

-Carolyn O'Gorman-Fazzolari, Ph.D.

Contenido – Contents

Introducción

Este libro fue escrito con la mayor sinceridad. Surgió de la intriga por despertar el espíritu de autoría. Lo que usted tiene en sus manos es un regalo, un regalo desarrollado por seis de las mujeres más genuinas con las que he tenido el honor de trabajar a lo largo de mis 25 años de carrera. La naturaleza única de este libro se basa en la forma en que se desarrolló: en lugar de consumir las historias de otras personas, expresamos las nuestras. Forjamos un camino que nunca habíamos recorrido antes. Antes de participar en este proyecto navegamos por la "escolarización" por medio de las historias de otras personas, personas que nunca habíamos conocido antes y que nunca conoceríamos. Este libro nació de la confianza y del honor. Lo que comenzó como una clase de ESL de educación para adultos de cuatro meses en una universidad local resultó en un tesoro para toda la vida. *Los Mejores Recuerdos* es una colección de historias personales que representan un momento en el tiempo, tanto pasado como presente. El proceso de creación de este libro es en sí mismo una hermosa historia. Permita que esta hermosa historia sea contada por una de las autoras:

"Agradezco profundamente a la maestra por su aportación y apoyo, por su gran interés para que nuestras historias latinas sean reconocidas y que queden como un regalo de amor a nuestra cultura y futuras generaciones de latinos que viven en este país y otros muchos países en el mundo. Participar en este libro me ha llenado de preguntas sobre los misterios de la vida, de preguntas de los misterios al estar todos conectados por un Poder Superior que rige nuestros destinos y encuentros y así un día sin conocernos, sin habernos visto nunca antes en la vida en un instante estamos seis mujeres mexicanas dejando nuestro legado. Nos presentamos un día en un aula que unas semanas después tuvimos que dejar a causa de la epidemia del virus COVID 19. Sin saber mucho las unas de las otras, de nuestros orígenes, de nuestras vidas, de nuestras familias o costumbres tomamos la decisión de abrir nuestros corazones y así nuestro destino fue quedar unidas para siempre en un libro - un libro que permanecerá eternamente como un legado que viajará a través del tiempo a nuestros hijos, los hijos de nuestros hijos y todas sus futuras generaciones."

Introduction

This book was written with the utmost sincerity. It grew out of intrigue for awakening the spirit of authorship. What you hold in your hands is a gift, a gift developed by six of the most genuine women I have had the honor to work with throughout my 25-year career. The unique nature of this book rests upon the manner in which it was developed. In place of consuming other peoples' stories, we voiced our own. We forged a path we had never been down before. Prior to engaging in this project, we navigated "schooling" by means of other peoples' stories – people we had never met before and never would. This book grew out of trust and honor. What started as a four-month adult education ESL class at a local college resulted in a lifelong treasure. *Fond Memories* is a collection of personal stories that represent a moment in time – both past and present. The process of creating this book is in itself a beautiful story. Let this beautiful story be told by one of the authors:

"I deeply thank the teacher for her contribution and support, for her great interest so that our Latino stories are recognized and that they remain as a gift of love to our culture and future generations of Latinos in this country and many other Latinos who live around the world. Participating in this book filled me with questions about the mysteries of life, of questions of the mysteries as we are all connected by a Higher Power that governs our destinies and encounters. And so one day without knowing each other without ever having seen each other before in life, in an instant we are 6 Mexican women leaving our legacy, we introduce ourselves one day in a classroom that a few weeks later we had to leave because of the pandemic without knowing much of our origins of our lives of our families our customs we made the decision to open our hearts and thus our destiny was to be united forever in a book. A book that will remain eternally as a legacy that will travel through time to our children our children's children and all their future generations."

Tu Primer Día

Escrito, Ilustrado y Traducido por

Amalia Saldívar Paz

En el año 2009 trabajaba como enfermera pediátrica en un hospital de México. Amaba levantarme y vestirme el uniforme blanco para ir a atender y cuidar a mis pacientes. Cierto día al llegar a mi guardia recibí en una de las habitaciones a una jovencita de 16 años que había ingresado en etapa terminal de cáncer. Su apariencia física era delicada al igual que su estado de salud. Se encontraba recostada en la cama de hospital vistiendo una bata de color menta con dibujos infantiles y un gorro de estambre de colores que ella misma había elaborado y el cual cubría la alopecia causada por los efectos de la quimioterapia. Su piel era pálida, de un color terroso, y tenía una delgadez marcada por la enfermedad. Uno de sus ojos le había sido extraído pues ahí se originó el cáncer. Usaba un parche negro que lo cubría. Su rostro era hermoso iluminado por una dulce sonrisa. Sus padres siempre estaban a su lado y ocasionalmente su tía. Cuando tenía un poco de fuerzas se sentaba en la silla frente a la mesa puente y tejía zapatos, gorros, guantes y bufandas de estambre; le gustaba tejer y regalar lo que hacía.

Se fue dando una relación cercana, amistosa y de confianza entre su familia y yo. No pasaron muchos días cuando ella le pidió a su mamá que me dijera que el último día de su vida deseaba que yo estuviera acompañándola, desde el quicio de la puerta la observé con una gran ternura pues lucía tan frágil. No era fácil lo que pedía y un tanto difícil para mí ya que ninguno de mis pacientes había fallecido durante mi guardia en el tiempo que había trabajado en el hospital, pues diariamente oraba para que todos regresaran a casa. No obstante, supe que sería conforme a su deseo. Su estado de salud agravó de un momento a otro como era de esperarse y esa tarde me fui a casa meditando en su deseo.

A la mañana siguiente me di cuenta de que era el día señalado al ver el rostro de sus padres y la súplica en sus ojos. Las alarmas de los monitores, el sonido de la succión, así como del oxígeno a espaldas de su cama. La mascarilla sobre su rostro y la dificultad para respirar era evidente... su hermoso ojo estaba cerrado. Me acerqué tomándole su mano pálida y fría que yacía sobre las sábanas...el cuarto estaba en silencio, entonces le dije: ¡todo está bien! pedí a sus padres y tía le hablaran, tomaran sus manos y acariciaran su rostro (al ver que nuestros seres amados están por partir muchas veces permanecemos en silencio, cuando lo que necesitan en ese momento es ser tocados y escuchar nuestra voz).

Permanecí observando aquella escena de amor dentro de las paredes de un cuarto de hospital en cuyo interior se encontraba una linda joven que en silencio dejó escapar su último suspiro y entre lágrimas y dulces palabras de sus seres queridos se fue en paz. Dejando sueños por cumplir, personas amadas y a una enfermera que también la extrañaría y aunque no hubiera lágrimas rodando por sus mejillas, como el protocolo médico lo establecía para dar fortaleza a los familiares, se deslizaban dentro de su corazón al haber sido tocada por su vida.

Aun sintiendo su mano entre las mías y viendo escapar su último aliento, observé la hora en el reloj. Cerré la puerta tras de mí, oyendo los sollozos y la voz entrecortada de sus padres permitiéndoles así un tiempo más con su pequeña. Mientras tanto, en mi mente fluían las palabras que necesitaba escribir en un poema titulado "El primer día". Allí comprendí el propósito de la profesión elegida y de mi vida, al recordar la conversación que tuve con Dios a los 10 años de edad cuando en mi humanidad temía morir y levantando los ojos al cielo en medio del jardín en casa de mi abuelita, le dije: "Señor, no quiero morir", y me dio paz pues me oyó.

Entiendo que soy un instrumento de su gracia para llevar amor y acompañar tomando de la mano a quienes en sus últimos momentos de vida me necesiten. Muchos nombres, rostros y sonrisas vienen a mi mente: Salvador, Rodolfo, Isabel, Blanca, Rosita, Margarita, Carmen, así como pacientes, familiares y amigos…algunos nombres no los recuerdo, pero su rostro ha quedado impreso por siempre en mi ser, así como su historia. Es un privilegio y una bendición ver nacer a un ser humano sosteniéndolo entre los brazos, y después tomar la mano de otro para ayudarle a partir.

*"La importancia de una persona radica en el valor
que se le da mientras vive, y su trascendencia
va más allá de lo que se puede decir con palabras"*

EL PRIMER DÍA

Alma que vuelas cual ave

A encontrar a su Creador

¡No llores! Pues el momento

Mas anhelado llegó.

Sublime sea tu partida

En paz y amor se termina

Pues tan solo es el inicio

De la vida eterna ¡Vive!

A descansar de esta vida

Hoy el Padre el día eligió

Y recuerda la promesa que

Jesús un día nos dio.

Voy pues a preparar lugar

Para que donde yo estoy

Al fin vengas a mi lado

A vivir sin más dolor.

Your First Day

Written, Illustrated and Translated by

Amalia Saldívar Paz

In 2009, I worked as pediatric nurse in a hospital in Mexico. I loved getting up and wearing my white uniform to go see my patients. One day when I arrived at work, I received a16-year-old girl in one of the rooms who had entered the terminal stage of cancer. Her physical appearance was as delicate as her health; she was lying in the hospital bed wearing a mint colored robe with children's drawings and a colored yarn cap that she had made herself. The cap covered her alopecia caused by the effects of chemotherapy. Her skin was pale - of an earthy color and carried a thinness marked by the disease. She wore a black patch over one of her eyes that had been removed. It seems the cancer had originated in that eye. Her face was beautifully lit by a sweet smile. Her parents were always by her side and occasionally her aunt. When she had a little strength, she would sit in the chair in front of the bridge table and knit shoes, hats, gloves, and scarves from the yarn she had; she liked to knit and give away what she made.

A close, friendly, and trusting relationship developed between me and her family. Not many days passed when she asked her mother to ask me that on the last day of her life, she wished that I accompany her. As I directed my eyes from the doorway, I noticed with great tenderness a fragile individual. It was not easy what she asked of me; it was somewhat difficult for me because none of my patients have ever died during my watch. It was a daily prayer for everyone in my profession to return home – home to their families. Her life was nearing the end. She would not return home. Her health condition worsened from one moment to the next, as expected. That afternoon, I went home and meditated on her wish.

The next morning, I realized that it was the appointed day for her departure - when I saw the expression on her parents' faces and the plea in their eyes. Her monitors were going off, the noise of suction as well as the oxygen behind her bed, the mask on her face and the difficulty in her breathing was evident, her beautiful eye was closed. I took her cold pale white hand that lay delicately on the sheets... the room was silent. I said, "everything is fine!" I asked her parents and aunt to speak to her, to caress her face. Many times, when we see that our loved one is about to leave, we remain silent. This is the moment when they really need is to be touched and to hear our voices.

The scene of love within the walls of a hospital room - inside which was a pretty young woman who - like in a deep sleep - let out her last breath - between tears and sweet words of her loved ones - she left in peace. Her loved ones and me, her nurse, would miss her. Medical protocol established that nurses should not cry or show tears as a means of remaining strong and supportive of loved ones. I could see the presence of her loved ones slip into her heart - as she slipped into theirs.

Still feeling her hand in mine and watching her last breath escape, I observed the time on the clock. I closed the door behind me and heard the sobs and the broken voices of her parents. I wanted to allow them more time with their beautiful young girl.

In that moment, a poem entered my mind. I dedicate this poem to her, entitled, "Your First Day". I understood the purpose of my profession as I recalled a conversation I had with God at the age of 10. I was afraid and as I looked to heaven in the middle of the garden of my grandmother's house, I told him, "Lord, I do not want to die, he gave me peace and he heard me".

Today, I understand that I am an instrument of his grace to bring love and accompany those who need me at the end of their lives. Many names, faces, and smiles come to my mind: Salvador, Rodolfo, Isabel, Blanca, Rosita, Margarita, Carmen, many patients, families, and friends. I do not remember to all their names, but they will forever be in my mind as well as their stories. It is my privilege and blessing to see human beings born, hold them through life and help them leave their last breath.

*"The importance of people lies in the value still their lives,
and their transcendence goes beyond of said the words"*

YOUR FIRST DAY

Soul that flies like a bird
to encounter its Creator
Do not cry! Because the moment
you yearned for has arrived.
Sublime is your departure
in peace and love.
It is just the beginning
of the eternal life - Live!
For the rest of your existence
God chose this day - today
and remember the promise
that Jesus surrenders us.
I am going to prepare a place
That where I am
at the end you come with me
to live without more pain.

Todo Empieza con un Sueño

Escrito y Traducido por

Braulia Castillo

Soy una mujer mexicana con música en la sangre. Nací en Coatzacoalcos, Veracruz, México. Hija de padre veracruzano y madre jaliciense. Soy la segunda hija de este matrimonio y la única hija. Crecí con tres hermanos. Solo conocía el lado de la familia de mi mamá y apenas conocía a dos tíos del lado de mi papá porque él era huérfano. La familia de mi mamá era muy pobre pero todos, incluida mi abuela, trabajaban duro. Nunca vi a ninguna de las mujeres de mi familia renunciar, ni siquiera en las peores circunstancias.

En 1989 me encontré en Irapuato, Guanajuato, México. Viví allí entre los ocho y los veintitrés años. Fui a la escuela primaria allí, desde el segundo grado hasta que me convertí en maestra. Tuve dos hijos; una niña que murió muy joven y un niño de cuatro años llamado Salvador Alejandro. Este niño pequeño fue mi compañero en la mayor aventura que podríamos haber imaginado. Nunca pensamos que iríamos al gran país, los Estados Unidos de América.

Salimos de la terminal de buses de Irapuato. Era un feriado, la fundación de la ciudad y también era el día en que saldríamos en el autobús. Mi mamá y mi abuela estaban allí para despedirse. Estaban preocupadas y tristes, y yo estaba muy emocionada. Aunque había viajado antes, fue un viaje largo, más de dos días, y no sabía nada de la frontera. Mi esposo estaría esperando en nuestro destino, la ciudad de Tecate, Baja California, México. No lo había visto en seis meses y ese fue el motivo de mi viaje. Estar cerca de él y volver a casa. No había planes de ir a Estados Unidos. No tenía idea de lo que la vida, el destino o Dios me tenía reservado.

Quizás fue una manera hermosa y difícil de hacer realidad uno de mis sueños más deseados; salir de la pobreza. Desde pequeña sentí y creí que había una forma diferente de vivir pero todo parecía imposible. Comenzando por las creencias de mi familia, esas cadenas tan pesadas, incluso intentar liberarme me hicieron sentir culpable.

Sentí que desobedecer a uno de mis mayores me costaría mucho. Recuerdo que mi abuela me preguntó, antes de subir al autobús: "¿Por qué tienes tanto miedo de ser pobre?". Para ellos era normal y era suficiente, pero para mí, ni siquiera tener lo suficiente para comprarle un pañal a mi hijo, no poder alimentarnos ni por una semana, no tener lo suficiente para las necesidades básicas, no tener lo suficiente para ni siquiera pensar en irme de vacaciones, tener un coche o mi propia casa. Era inaceptable.

El viaje en autobús estuvo frío. Durante este tiempo las temperaturas bajaron y el autobús no tenía calefacción. Mi hijo pequeño y yo nos acurrucamos en el asiento del autobús con una manta que había pensado en traer. No recuerdo qué comimos ni dónde íbamos al baño. No recuerdo nada excepto mi hijo. A pesar de que nunca había viajado así, se mantuvo muy tranquilo durante todo el viaje y me encantó dormir acurrucada con él. Todavía puedo sentir el calor de nosotros acurrucados juntos cuando lo pienso ahora. Quería protegerlo y amo mucho a mi hijo. El 17 de febrero, durante el día, llegamos a nuestro destino temporal. Nos recogieron algunos familiares de mi marido.

Fue el 20 de febrero, sin haber preguntado ni pensado, llegamos a nuestro destino final, San Diego, CA. No podía creer lo que veía al ver el lugar más hermoso que jamás había visto. Nuestro apartamento era la casa más hermosa que había visto en mi vida. Estaba fascinada por la cocina. Vi los armarios de madera y no podía creer lo bonitos y brillantes que eran. Todo parecía nuevo. No podía creer que ya no estuviera en mis dos habitaciones pequeñas con puertas hechas de sábanas rotas, techo de cartón, sin ventanas y un baño en el patio trasero sin puerta ni cortina. Quería que mi mamá y mis hermanos vieran lo que estaba pasando. Ahora estaba en un lugar hermoso y quería decirles que ya no era pobre. Pero no pude mostrárselos.

La realidad era diferente. Este lugar no era sólo para mí. Otros siete jóvenes vivían allí con mi esposo. Cuando descubrí esto al día siguiente, no me importó. Lo único que importaba era que mi vida había cambiado en tan solo unos días y estaba muy feliz por eso. La primera noche dormimos en la alfombra, ¡pero no importó porque nunca había dormido en una alfombra! Y ahí es donde empezó todo ...

El recibimiento de parte de los compañeros de departamento de Salvador fue cordial pero uno de ellos era el responsable del departamento o sea con el contrato a su nombre y los demás contribuían con su porción al pago de la renta. No sé cómo decidían cuanto debería pagar cada uno, pero en el caso de Salvador que sólo trabajaba uno o dos días por semana tal vez le daban la oportunidad de pagar menos que los demás, pero ahora la regla cambiaría ya que él tendría que pagar renta por dos personas más. Así, sin más remedio que aceptar que tenía que soltar mis ilusiones, llamé al número de teléfono que traía escrito en un papelito desde Irapuato.

Se trataba de cuidar a una niña de cuatro años y a una bebé de 10 meses, hijas de la tía de una maestra de Irapuato. Me ofreció un sueldo de $50 por semana y casi se me salen los ojos del asombro. Me emocionó tanto saber que ganaría la mejor paga de mi vida, pero tuve que pedir de favor que me dejaran dormir con mi niño en su casa y mi corazón se rompió una vez con la separación de mi familia. Pero así ya no tenía Salvador que pagar más renta a sus compañeros y ya no los haría sentir incómodos que una mujer viviera entre ellos.

Desafortunadamente ésta fue la primera desilusión que viví de parte de mis compatriotas mexicanos, después de un mes de trabajar yo no había recibido ni siquiera los primeros $50 y tuve que decirles que ya no regresaría.

Regresar al departamento con Salvador me hacía muy feliz estaríamos otra vez los tres juntos como yo siempre lo deseaba, ahí empecé a escuchar de algunos de sus amigos decirme "pues podrías limpiar casas, yo conozco a una mujer que trae mujeres haciendo esto, te voy a conseguir su teléfono", pero nunca pasó. Yo para ser del agrado de todos, y que no me fueran a decir que no podríamos vivir ahí, me levantaba de madrugada les prepara sándwiches a todos para lunch, limpia el departamento y cocinaba, ellos se comían todo y hacían halagos de mi comida pero yo no sabía que esto no funcionaria.

Gracias a uno de estos chicos que tomaba clases de inglés para adultos gratuitas por las noches y que me pasó la información, empecé a ir a este lugar y me impactó ver tantos salones llenos de puros hispanos, no me imaginaba que hubiera tantos en este país. Yo creía que éramos sólo los que estábamos en ese apartamento y me sentí feliz de poder hablar con ellos, veía como todos hacíamos las mismas preguntas: *¿de dónde eres?* y *¿cómo cruzaste?* Me asombraba tanto ver que las clases fueran gratis y que los maestros fueran tan amables y cooperativos con nosotros los hispanos. Ahora creo que esto me ayudó desde aquel entonces a tener una imagen de que los americanos me aceptaban y hasta les agradaba. Desde entonces yo siempre he pensado que son buenos y fue tal vez ahí donde me enteré de que había una escuelita por las mañanas donde las mamás tomaban clases con sus niños para aprender inglés y eran gratis.

Así que al siguiente día aún después de haber sido advertida por Salvador y otros de sus amigos que no saliera, que no caminara por las calles porque *La Migra* me podía agarrar y sacar, yo me salí con mi niño de la mano a buscar el lugar y lo encontré y ahí empezó mi pequeño a escuchar inglés, pero sobre todo a jugar con más niños. Ahí empezó a tener amiguitos, la experiencia que habíamos vivido en la casa donde trabajé había sido traumática, las mujeres de esta casa golpeaban horriblemente a sus hijos eran unas mujeres con mucha neurosis y sus pequeños hijos sufrían las horribles descargas en ellos.

Tal vez un par de meses después Salvador me recibió con una desagradable noticia, "Jessi y Danny ya rentaron otro departamento y Alejandro, mi hermano, se va a regresar a México. David y su hermano se irán a Tijuana". Sólo nos quedaríamos él, el niño y yo en el departamento. Yo no tenía trabajo y no podía pagar la renta.

Todo esto me lo decía dentro de la pequeña camioneta que le pertenecía a su hermano Alejandro y entonces dijo algo más "creo que tendrás que regresarte

a México con el niño". Por mi mente pasó mi vivienda en Irapuato, mi pobreza, mis zapatos con hoyos, pidiendo pañales fiados en la tienda de la esquina para ponerle a mi hijo. Las ratas enormes en el patio, el asqueroso baño, el hoyo en la puerta de lámina de lo que era según una cocina, el lavadero donde mis manos sangraban cuando lavaba la ropa y tantas cosas más que levanté la cabeza y le contesté: "¡NO! NO REGRESARÉ ¡NO REGRESARÉ! ¡AHORA NO REGRESARÉ HASTA QUE YO HAYA SACADO TODO EL PROVECHO DE ESTE PAÍS, SI REGRESARA AHORA ME SENTIRÍA UNA FRACASADA! ¡NO PODRÍA ACEPTAR QUE ME VEAN ASÍ LOS DEMAS! Y YO NO SOY UNA FRACASADA, Voy a buscar trabajo y sé que lo encontraré".
Salvador no dijo nada más.

Jessi en un gesto generoso nos dijo "si ustedes limpian el departamento y les llegan a regresar lo del depósito quédense con este dinero y tal vez esto les ayude para algo, pero", agregó, "aunque lo veo difícil de que lo logren llevo más de 10 años rentando este departamento y está en malas condiciones por tanto uso de estos años, así que buena suerte".

Le dije a Salvador con ánimo "vamos a tratar de ver qué pasa". Para sorpresa de quien inspeccionó el apartamento, con una sonrisa en la boca nos entregaron todo el dinero del depósito y además nos regalaron los viejos sillones rotos y un comedorcito de cuarto sillas que amueblaban el departamento. Nos sentíamos con tanta suerte y yo reafirmaba una vez más que los americanos eran buenos. Desafortunadamente este dinero no era suficiente para ir a rentar ni un pequeño lugar donde vivir, así que con mucho pesar y tristeza Salvador tuvo que vender un carrito viejo que apenas había comprado unas semanas antes porque sus compañeros ya no le querían dar aventón en sus carros al trabajo. Con este dinero logramos pagar el depósito y un mes de renta de un departamento donde nos dijeron sería peligroso vivir, pero mucho más barato, en el este de San Diego, al parecer donde habitaban los hispanos, los ilegales y los maleantes. Pero yo estaba feliz, ahora tenía un lugar sólo para nosotros y lo traté de hacer lucir lo mejor que podía con los silloncitos rotos y el comedorcito, ahora ya no tenía que ver las caras de los chicos diciéndome "nos incomodas, nos cambiaste la vida y no nos gusta". Nos había quedado un poco de dinero para comprar frijoles, arroz y leche que serían los únicos alimentos que comeríamos por unas semanas hasta que Salvador conseguiera algún trabajo y por supuesto yo también pero no era la única preocupación.

La pregunta que retumbaba en mi mente noche y día era ¿Y COMO PAGAREMOS EL SIGUIENTE MES DE RENTA? ¿Qué nos va a pasar?

Después de que todo lucía bello invité a una de mis amigas a visitarnos con su esposo y su niña de la edad de mi hijo. A ella la había conocido en la escuelita y nos hicimos amigas. Ella es de Bolivia. No fue la única amiga que hice en la escuelita, pero compartí más con ella aunque era muy seria, sonreía poco, pero nos acoplábamos. Con la visita llegó el trabajo para Salvador. El esposo de ella es mecánico de carros y necesitaba un ayudante y Salvador aceptó. Así llegó algo de dinero efectivo a nuestras manos. Este trabajo era temporal. El esposo de mi amiga no podía seguir empleándolo y se le ocurrió una gran idea; lo llevó a trabajar con un hombre que era fontanero y que le pagaba muy buen dinero a Salvador, pero para llegar a trabajar Salvador necesitaba su propio vehículo, cosa que ya no tenía y nos tuvimos que ajustar más para con $200 conseguir un carro que apenas caminaba. Yo por mi parte corrí con suerte, en aquel tiempo existía una revista de nombre *Penny Saber*, ahí se anunciaban trabajos, artículos usados en ventas, yardas y más. Yo buscaba los anuncios en español sobre empleos y llamaba, creo que en mi primera llamada me contestó la Sra. Guille y me dijo "lo siento ya le di el trabajo a alguien que llamó antes que tú". Pero me dijo "mira tengo una hermana y se llama Carmen. Creo que ella no ocupa a nadie, pero le hablaré de ti, llámale a este teléfono". Le di tiempo para que ella le hablará de mí y cuando llamé me dijo "ven para conocerte, ésta es mi dirección". Yo brincaba del gusto, pero ahora tenía un reto frente a mí, ella vivía en el área de Linda Vista muy lejos de donde yo vivía y tenía que tomar el transporte público. Esto significaba no perderme con el niño y pasar desapercibida para *La Migra*.

No recuerdo quién me dijo "llama a las oficinas de transito público y ahí te guiarán". Así lo hice y me impactó saber que atendían en español y que paso a paso me dieron las indicaciones de cómo llegar al domicilio que me habían dado y como regresar a mi condominio. Así que para perder el miedo y practicar hicimos un primer viaje Salvador, el niño y yo juntos, ida y vuelta y todo salió bien. Cuando me conoció la Sra. Carmen me dijo "yo no necesito a alguien, pero al parecer le agradaste a mi hermana Guille", a la cual conocí hasta días después, y "mira aquí limpia la casa y cuida a mis dos hijos, ellos van a la escuela y te pagaré $50 por semana". Crucé los dedos esperando que esta vez no me engañaran con el pago. Esta señora a la cual recuerdo con agradecimiento me permitió llevar a mi pequeño Alejandro todos los días conmigo y cuando fue el tiempo de registrarlo a la escuela, ella me prestó su domicilio para que registrará a mi pequeño en el kinder de su área. Así empezó mi hijo su primer año escolar en este gran país, por supuesto yo estaba muy emocionada y feliz. Cada mañana yo disfrutaba pasar a dejarlo a su escuela y de ahí caminaba feliz a mi trabajo. Durante el camino recordaba cómo veía a mi pequeño tratar de tener amigos sin hablar el mismo idioma, pero era aceptado por todos los demás pequeños. Su maestra también lo aceptaba y yo lo veía como disfrutaba de ir a esta escuela. Él era feliz y yo sonaba ilusionada, él, mi pequeño niño me inspiró, me dio el valor que necesitaba para no darme por vencida. Por él los días estaban llenos de sueños y pude ver que él tendría un futuro diferente al que habíamos tenido su padre y yo. Él tenía todo un país lleno de oportunidades para él, jamás imaginé cuando vivíamos en México que lo vería hablar inglés, jamás imaginé que vería a mi hijo en un aula de Estados Unidos, quería correr hasta México y decirles a todos que mi hijo, el más pobre de la familia hablaba inglés y que su vida seria increíblemente bella, que él sería grande, grande muy grande.

Para lograr esto tenía que protegerlo, durante nuestros trayectos a los trabajos teníamos que transbordar de autobús en el centro de San Diego y por donde circulan constantemente las patrullas del *Border Patrol*. Este riesgo nos llevó hasta llegar a correr y escondernos en los edificios y así perdernos a los ojos de los que pudieran deportarnos. Él se sujetaba de mi mano y yo lo apretaba tan fuerte para no soltarlo entre la gente, y encontrar un escondite seguro y salir hasta que pasara el peligro, aun así, yo nunca me acobardé, nunca falté a mi trabajo y él terminó su grado de kinder para mi felicidad.

El ambiente de mi vecindario era en total español, ahí solo escuchabas comentarios como "anoche la cruzaron" y "hace una semana lo sacaron" y *La Migra* les cayó en su trabajo". Yo ya tenía nuevas amigas que eran mis vecinas. Un día una de ellas me pidió hablar en privado conmigo y me dijo, "aquí en el edificio de enfrente, el dueño, un americano está pasando la voz de que, si nos vamos a rentar con él, a su edificio, él nos ayudará a calificar para un programa con el que nos ayudaran a pagar la renta". Luego dijo ella "yo no sé qué es todo esto, pero él dice que quiere ayudar a los mexicanos. ¿Usted qué cree? Mire, platíquele a su esposo y yo le platico al mío a ver qué dicen y luego mañana platicamos nosotras". Al siguiente día nos reunimos ella y yo y me dijo "mi esposo dice que no es cierto, que es un engaño, que nosotros no le entramos". Pero aún con esto nosotras seguimos preguntando a otros de qué se trataba todo esto, hasta que un día el americano que ofrecía toda esta ayuda quiso hablar con nosotros. Para nuestra sorpresa, hablaba español, él nos explicó su plan y sinceramente era muy arriesgado y parecía difícil de lograr. Nosotros tendríamos que pagar la renta completa hasta que el proceso de este programa nos aceptara y este tiempo de espera era indefinido. La renta era mucho más alta que donde vivíamos, pero a cambio tendríamos un departamento de tres recámaras, dos baños, remodelado, alfombra nueva y pintado aún así la renta no sería al precio real. Él nos pedía una renta más baja, así que las mujeres o sea mi vecina y yo nos dimos a la tarea de convencer a los esposos y correr el riesgo.

Después de mudarnos Salvador encontró un trabajo, muy bien pagado, de tiempo completo y más estable y así nos llegó el dinero que necesitábamos para pagar la renta. También llegaron las primeras fiestas tradicionales que viviríamos en los Estados Unidos. Llegó el Halloween y la alegría de disfrazar a mi pequeño Alejandro. Salvador se encargó de pintarle su carita para hacerlo parecer a Drácula. Recuerdo como yo caminaba orgullosa con él a tomar el autobús. En el autobús vi a los pasajeros reírse con él, se divertían con él, yo no sabía que era uno de los disfraces más económicos. Para mí era mágico. La más maravillosa, increíble e inolvidable Navidad que mi hijo ha tenido en su vida se la dio un hombre americano lleno de regalos y juguetes que llegó a la puerta de nuestro departamento. Él decidió pasar la Navidad completa con nosotros, disfrutó la cena con nosotros, y yo quise agradarlo con la típica celebración de México, piñatas, dulces, cena mexicana, música y cantos típicos de una posada. ¿De dónde había salido este noble personaje? ¿Fue un Santa Claus real? En la escuela de mi hijo pasaban la información a personas ricas y caritativas que deseaban hacer una noble causa para familias pobres en este día y nosotros habíamos sido seleccionados. Así una vez más yo veía que los americanos eran buenos.

Todo esto pasó en tan solo diez meses. Con fe y esperanza seguíamos esperando que el programa prometido para recibir ayuda con el pago de la renta llegara pronto. Así mismo alguien nos dijo de una pequeña oficina donde podríamos empezar con nuestras primeras solicitudes de permisos de trabajo para mí y algún documento que nos protegiera a mí y a mi hijo y no ser más unos ilegales huyendo para no ser deportados. Salvador tenía en trámite sus documentos pidiendo su primera residencia desde antes de que yo llegará a San Diego. Hacer estos trámites era muy arriesgado en ese tiempo, no se sabía quién te podía estafar, sacarte dinero y no arreglarte nada. Nosotros corrimos con mucha suerte, realmente se lograron los primeros permisos después de muchos días haciendo largas filas en los edificios de San Diego con mi pequeño hijo desde la madrugada, con hambre, con un tremendo frio y con miedo, mucho miedo de que ahí mismo nos subieran a una camioneta y nos sacaran del país. También la promesa de este americano del programa que nos ayudaría a disminuir el pago de renta se cumplió, nada era fácil teníamos que poner mucho de nuestra parte, largas horas de espera en oficinas, entrevistas, comprobantes, requisitos, paciencia y fe.

Para el otoño de 1990, un sábado 20 de octubre, llegó a nuestras vidas la primera ciudadana americana de toda la familia, mi pequeña muñeca de nombre Brenda Desiree. Sus condiciones de nacimiento y vida no se igualaban a las de mi pequeño Alejandro en México, y esto fue maravilloso. No recibir a mi muñeca en medio de la pobreza, me hacía sonreír de satisfacción, ella me dio la felicidad, no tristeza, de recibirla en un hogar donde su cuarto había sido decorado bellamente, ella no pasaría privaciones, gozaría de juguetes, seguridad y estaba protegida por las leyes de este país desde el momento que nació. Su vida sería diferente.

El programa para pagar menos renta era por el tiempo que lo quisiéramos y válido en todo el país. Esto nos dio la oportunidad de aspirar a vivir en otras áreas más seguras, sin tantos peligros, con mejores escuelas y empezamos a movernos de regreso hacia donde habíamos vivido al inicio de esta aventura. Lo hicimos en el transcurso de dos años más y lo logramos. Fue en el año 1993 cuando Salvador tuvo uno de los accidentes más impactantes de su vida, al caerse del tercer piso de un edificio donde trabajaba. Se me avisó que estaba hospitalizado de gravedad. Yo no manejaba y tenía dos niños. Sus amigos del pasado me ayudaron cada día a llegar al hospital donde yo pasaba todo el día cuidándolo y por la noche estos mismos amigos me llevaban de regreso a mi departamento. Una amiga cuidaba todo el día de mis hijos, fueron diez largos días hasta que Salvador salió del hospital. Esto dio un giro grande a nuestra vida. Él quedó deshabilitado, no físicamente pero emocionalmente para volver a su trabajo, pero trajo un gran beneficio, la oportunidad de tener un trabajo certificado. Mientras todo esto ocurría yo había regresado a la escuelita ahora con mi muñeca. Alejandro ya iba a la escuela primaria, y escuché que era posible tomar un examen que de pasarlo obtendría mi certificado equivalente a *high school* de EE. UU. Investigué y me dirigí a presentar un examen de prueba el cual pasé en ese instante. De ahí me dieron indicaciones del colegio donde presentaría el examen real el cual presenté y después de un tiempo me llegó mi certificado y las felicitaciones por haber pasado un examen con mejores grados que los estudiantes de USA. Yo me sentí orgullosa porque no estudié para el examen, con lo que había aprendido muy bien en mi país y retenía mi cabeza lo experimenté y tenía cinco años en este país cuando lo presenté. Había terminado mis estudios seis años antes y podía ver lo inteligente que era.

Salvador tenía la indecisión de qué hacer en su vida, no aspiraba a mucho así que intervine y sugerí lo que yo veía sería un beneficio permanente de por vida y para la familia y aún a pesar de los obstáculos que le ponían y le negaban para estudiar una carrera técnica y corta por su escaso inglés. Aquí sí pude vivir lo que el sistema obliga a los hispanos a no crecer, a no aspirar a más, a no educarse, a perder oportunidades, nos empuja a vivir limitados sin aspiraciones, como si no te merecieras más que una vida mediocre.

Salvador tuvo que plantarse seguro y no permitir que le negaran la oportunidad de estudiar la carrera que hasta hoy día sigue trabajando. Su aspecto cambió; de vestirse con ropas desgastadas para ir trabajar lavando ventanas en edificios ahora vestía camisa y corbata, zapatos brillantes de limpios y pantalón formal. Se relacionaba con personas de oficinas y en inglés, yo me sentía orgullosa.

Deseaba que mi familia viera su cambio y que ya no era ese pobretón con el que me había casado. Veía que mis hijos ahora se podrían llegar a sentir muy orgullosos de tener un padre con educación que había logrado en este país y el orgullo de que su padre había sido el estudiante graduado con el 2do lugar en grados, sólo porque la que había obtenido el 1er lugar era americana y por supuesto lo superó en el idioma inglés.

Aquí vi que el sistema podía apoyar a los inmigrantes. Este país tenía muchos mayores beneficios para familias con aspiraciones más grandes. Había menos pobreza entre los emigrados, menos hijos desviados a las drogas y más universitarios. Los hijos se motivaban al ver que sus padres pudieron salir del sistema de pobreza con ayuda del mismo sistema.

Durante este tiempo pude obtener mi primer permiso para salir del país y corrimos a ver a nuestras familias. Habían pasado cuatro años sin verlos. Largos años en los que la depresión y tristeza me ahogaba, no sabía si algún día volvería a sentarme a comer con ellos. No sabía si algún día regresaría a ver las calles donde crecí, no sabía si volvería a ver las caras de mis hermanos o de mi madre. No sabía si volverían a ver a Alejandro o si conocerían a mi hija, y eso me causaba días y noche de llanto, que se me olvidó cuando los pude abrazar.

A nuestro regreso, vino otro cambio para nosotros, ahora por el nuevo trabajo de Salvador y en 1994 nos movimos hacia Vista, California. En el apartamento más bello en que hemos vivido, lo amueblamos muy bello, y ahí nos sorprendió el ultimo de mis angelitos Christopher Kevin. Kevin trajo mucha alegría y felicidad a sus hermanos y por supuesto a sus padres. Unos meses después de su nacimiento Salvador recibió, por su primer año de trabajo en su nueva profesión, el reconocimiento de *Técnico del Año*. Fue premiado con un viaje a Hawaii por dos semanas, todo pagado para él y para mí. Nadie en esta compañía tan grande en todo el país lo había logrado en tan corto tiempo en tan solo un año y mucho menos sin hablar un inglés completo.

Yo me motivé a buscar una vez más trabajo para lograr reunir suficiente dinero y comprar una casita. Ya éramos cinco en la familia y vivíamos felices pero apretados. Una compañía me aceptó, mi trabajo consistía en cargar una cajita de herramientas y echar talacha. Era una posición de más bajo nivel de la compañía. Tres meses después me habían ascendido a asistente del supervisor de piso. Este supervisor habló conmigo y me dijo "he observado tu inteligencia, responsabilidad y puntualidad, has superado incluso a personas que llevan años trabajando aquí, te necesito en mi oficina". Tres años después me ascendieron al departamento de planeación con oficina personal, trabajando con americanos en las juntas de trabajo de nuestros clientes que venían de alrededor del mundo. Cuando me seleccionaron me dijeron "eres la persona que conoce nuestros planos como ninguna otra persona en esta área, sabes exactamente dónde se encuentra cada material, conoces más de nuestros inventarios que los mismos supervisores, ¿quién podría tener más derecho que tú a este lugar?"

En diciembre de 1999 después de diez años de haber llegado a este país, nos estaban entregando las llaves de nuestra casa en la ciudad de Temecula, California.

Pomona, California vio mi cara cubrirse de lágrimas el mes de octubre de 2006 al escuchar al presidente George Bush darnos el discurso de bienvenida como ciudadanos de los Estados Unidos. Con mucho orgullo, hice el juramento con mi mano en mi corazón. Sentía ese gran amor que siempre he sentido por este país, estaba satisfecha de haber respetado todas sus leyes, de haber cumplido con cada uno de los requisitos que me pedían para ser aceptada y lo había logrado. Quería besar la bandera americana y decirle GRACIAS, me has dado una vida sin pobreza. Gracias a ti nunca volví a ser pobre. Hiciste posible que mis hijos no conocieran la pobreza, me has dado una vida plena, gracias por tratarme mejor y me has dado más que mi país. Gracias a todos los que me ayudaron a que fuera posible. Entre ellos el apoyo tan incondicional y amoroso de mi hijo Alejandro fue básico, él se dedicó al cuidado y protección de sus hermanos mientras sus padres trabajaban, fue muy responsable con ellos y siempre deseaba que sus padres lograran sus sueños. En ese mismo mes en octubre del 2006, abrimos nuestro primer negocio que fue una cafetería en la ciudad de Tijuana. Hasta hoy día sigue abierta. Para el año 2009, regresamos a vivir a la ciudad de Chula Vista, California. En el año 2015 compramos un condominio en esta área.

Mi hijo Alejandro después de dedicarse a la profesión de paramédico, regresó al colegio para dar un cambio de profesión. En mayo de este año 2020, fue aceptado en las seis universidades a las que aplicó y una de estas universidades es la mejor del mundo. La felicidad fue inmensa y el orgullo de tener un hijo tan inteligente me recordó al pequeño Alejandro en su primera aula escolar y entonces me dije para mí misma ahora sí me puedo regresar a México, ahora ya estoy satisfecha, ahora ya le saqué todo el provecho a este país y ahora ya no me sentiría una fracasada.

Mi muñeca Brenda se graduó de UCSD en el año 2016 después de haber servido a este país en la Navy. En la actualidad trabaja en las oficinas del Balboa Park, el lugar de muchos recuerdos en nuestros primeros días de paseo en este país. Mi angelito Christopher trabaja para una pizzería y estudia la carrera de filmografía en Southwestern College. Hemos viajado a Japón, Venecia, Italia, Francia, Londres y a tres islas de Hawaii. Cada vez que ponen la estampa en mi pasaporte americano me siento muy orgullosa, pero me siento muy especial de ser reconocida como mexicana en cada diferente país que visito, me encanta poner en alto el nombre de México.

Yo fui la primera de mi familia de emigrar a un país extranjero. Yo fui la primera mujer en tener el valor de romper las cadenas de pobreza. Recuerdo a mi abuela preguntarme en la central camionera, "¿Por qué te vas? ¿Por qué le tienes tanto miedo a la pobreza?".

Para ellos era aceptable ser pobre, para ellos aspirar a merecer una mejor vida era impensable, nunca lo planeé y todos estos años siempre tuve una pregunta sin respuesta, hasta hace unos días. Yo estuve de visita en Cancún, México en este mes de julio donde una pintura llamó mi atención.

Esta pintura tenía una inscripción:

TODO EMPIEZA CON UN SUEÑO

Everything Starts with a Dream

Written and Translated by

Braulia Castillo

I am a Mexican woman with music in her blood. I was born in Coatzacoalcos, Veracruz, Mexico. Daughter of a father *Veracruzano* and mother *Jaliciense*. I am the second daughter of this marriage and the only daughter. I grew up with three brothers. I only knew my mom's side of the family and I barely knew two uncles from my dad's side because my dad was an orphan. My mom's family was very poor but everyone, including my grandma, worked hard. I never saw any of the women in my family quit - even in the worst circumstances.

In 1989 I found myself in Irapuato, Guanajuato, Mexico. I lived there between the ages of eight and twenty-three. I went to elementary school there - from 2nd grade until I became a teacher. I had two kids; one girl that died very young and a four-year-old boy named Salvador Alejandro. This small boy was my companion on the biggest adventure we could have ever imagined. We never thought we would go to the great country, the United States of America.

We left the bus terminal in Irapuato; it was a holiday; the founding of the city and it was also the day we would leave on the bus. My mom and my grandma were there to say goodbye. They were worried and sad, and I was very emotional. Even though I had traveled before, it was a long trip, more than two days, and I did not know anything about the border. My husband would be waiting at our destination, the city of Tecate, Baja California, Mexico. I had not seen him in six months and that was the motive for my trip. To be close to him and go home. There were no plans to go to the United States. I had no idea what life, destiny, or God had in store for me.

Maybe it was a beautiful and difficult way for one of my most desired dreams to come true; leave poverty. Since I was little, I felt and believed that there was a different way to live but everything seemed impossible. Starting with my family's beliefs, those chains, so heavy, even trying to break free made me feel guilty.

I felt that disobeying one of my elders would cost me a lot. I remember my grandma asking me, before I got on the bus, "Why are you so scared of being poor?" For them it was normal and it was enough, but for me, not even having enough to buy a diaper for my son, not being able to feed ourselves for even a week, not having enough for the basic necessities, not having enough to even think of going on a vacation, have a car, or my own home. It was unacceptable.

The bus ride was cold. During this time, the temperatures got low and the bus didn't have a heater. Me and my small son curled up on the bus seat with a blanket that I had thought to bring. I do not remember what we ate or where we went to the bathroom. I do not remember anything except my son. Even though he had never travelled like this he stayed very calm the entire ride and I loved sleeping curled up with him. I can still feel the warmth of us curled up together when I think about it now. I wanted to protect him, and I love my son very much. On February 17, during the day, we arrived at our temporary destination. We were picked up by some of my husband's relatives.

It was on February 20, without having asked or thinking about it, we arrived at our final destination, San Diego, CA. I couldn't believe my eyes at the sight of the most beautiful place I had ever seen. Our apartment was the most beautiful home I had seen in my life. I was fascinated by the kitchen. I saw the wooden cabinets and I could not believe how nice and shiny they were. Everything looked new. I could not believe that I was not in my two small rooms with doors made of torn sheets, a cardboard ceiling, no windows, and a bathroom in the backyard without a door or curtain. I wanted my mom and brothers to see what was happening. Now I was in a beautiful place and I wanted to tell them I was not poor anymore. But I could not show them.

My reality was different. This place was not just for me. Seven other young men lived there with my husband. When I discovered this the next day I did not care. The only thing that mattered was that my life had changed in just a few days and I was very happy about that. The first night we slept on the carpet, but it did not matter because I had never slept on carpet! And that is where everything started...

Everything started fine with my husband's, Salvador's, roommates. One of them was responsible for the apartment. The contract was in his name and the rest contributed a portion of the rent. I do not know how they decided how much each one paid but in Salvador's case, who only worked one or two days a week, they might have given him the opportunity to pay less than the rest. But now that rule would change. He had to pay rent for two more people.

I had to accept that I had to let go of my dreams and call the phone number that I had written on a piece of paper from Irapuato. It was for a job taking care of a four-year-old girl and a ten-month-old baby, daughters of an aunt of one of my fellow teachers in Irapuato. They offered me a salary of $50 per week and my eyes almost popped out of my head because I was so excited to earn the best pay of my life, but I had to ask a favor. My son and I needed a place to sleep and my heart broke separating my family. Like this, Salvador would not have to pay extra rent and his roommates would not have to feel uncomfortable having a woman living with them.

Unfortunately, this was the first disappointment I experienced with my fellow Mexicans. After one month of working I had not received the first $50 and I had to tell them that I would not return. Returning to the apartment with Salvador made me very happy because the three of us would be together like I had always wanted. Some of his friends started suggesting I clean houses. They said, "I know a woman who hires women to do this. I'll get you her phone number" but it never happened. To show I was grateful and to make sure they would let me stay, I would wake up at dawn to make everyone sandwiches, clean the apartment, and cook for them. They ate everything and they praised my food, but I did not know that this was not going to be enough.

Thanks to one of the young men who took free English classes at night, and passed along the information, I started to go. I was shocked to see so many classrooms filled with Hispanic people. I did not imagine that there would be so many in this country. I thought it was just us in that apartment. I was so happy to be able to talk to them. We all asked the same questions. Where are you from? How did you cross the border? I was amazed that the classes were free, and the teachers were so friendly and helpful. I think that this helped me believe that Americans accepted me, and I was grateful. Since then I have felt that Americans are good people.

I learned that there was a morning class where moms could learn English with their kids, and they were free. The next day I took my soon to look for the class even though Salvador and his friends said I shouldn't go out and I shouldn't be walking around in the streets because it was dangerous. *La Migra* could get me and kick me out of the country. I found the class and my son began to hear English but more importantly he had kids to play with. He started to make friends.

A couple months later, Salvador gave me unfortunate news. He told me that "Jessi and Danny are renting a different apartment, my brother, Alejandro, is returning to Mexico, David and his brother are going to Tijuana and only you, me, and our son are left in the apartment but I don't have a job and I can't pay the rent." He told me all of this in the small truck that belonged to his brother Alejandro. He then told me "I think you have to go back to Mexico with the boy." I remembered my life in Irapuato, how poor I was, my shoes with holes, begging for the corner store to give me diapers on loan, the huge rats in the yard, the disgusting bathroom, the hole in the door to our supposed kitchen, the laundry where my hands would bleed when I washed our clothes and so many other things that I lifted my head and I said "No! I am not going back! I was not going back until I got everything I could out of this country. If I went back now, I would feel like a failure. I did not want everyone to see me like this. I told him "I'm not a failure! I'm going to look for a job and I know I'll find one." Salvador had nothing else to say.

Jessi, in a grand gesture, told us "If you clean the apartment and they give you back the deposit, keep it. Maybe this will help you with something. It will be hard to do. I've lived here for more than ten years and it's not in good condition so good luck." I told Salvador let us try our best and see what happens. To the surprise of the manager who inspected the apartment, with a smile on their face they gave us back the entire deposit. They also gave us the old, ripped couch and a small dining table with four chairs for our new apartment. We felt so lucky and it reaffirmed my belief that Americans were good people.

Unfortunately, this money would not be enough to go rent even a small place to live. With a heavy heart Salvador had to sell an old car that he had barely purchased a few weeks before because his old roommates did not want to give him a ride to work anymore. With this money we were able to pay the deposit and first month's rent on an apartment in a place people told us was dangerous, East San Diego, but it was cheaper than everywhere else. Apparently, this is where the Hispanic people, illegals, and criminals lived. Either way I was happy to have a place just for us and I tried to make it look the best I could with the old, ripped couch and the small dining table. And now I did not have to see the faces of the young men telling me that I made them uncomfortable, I changed their lives, and they did not like it.

We had a little money left to buy beans, rice, and milk which would become the only food we ate for a few weeks until Salvador could get a job, and me of course. But all I could think about day and night was how are we going to pay next month's rent. What was going to happen to us?

After I made everything look nice, I invited one of my friends to visit us with her husband and daughter, who was the same age as my son. I met her at the English class where we became friends. She was from Bolivia. She was not the only friend I made in the class, but I spent more time with her. Even though she was very serious and did not smile much, we would pair up. With her visit came a job for Salvador. Her husband was a mechanic and needed help. Salvador accepted and we started making a little money. This job was temporary. My friend's husband could not keep paying him, but he had a great idea. He took him to work with a plumber who paid him very well, but Salvador needed his own car to get to work. We had to adjust our budget to save $200 to buy a car that hardly worked.

On my part, I got lucky. During this time there was a magazine called Penny Saver that listed jobs, items for sale, yard sales, and more. I looked for the jobs listed in Spanish and I would call to ask about them. I think on my first call Mrs. Guille answered and told me that she was sorry, but she already gave the job to someone who called before me. But she told me "Look, I have a sister and her name is Carmen. I do not think she is looking for help but I'll talk to her. Call me here." I gave her time to talk about me and when I called, she told me "Come over so I can meet you. Here is my address." I jumped with joy but now I had this obstacle in front of me. She lived in Linda Vista, which was very far from where I lived, and I had to take public transportation without getting lost with my son and without being noticed by *La Migra*. I do not remember who told me to call the public transit office to guide me but that is what I did. I was happy to learn that they could help me in Spanish, and they gave me step by step instructions to get to the house and back to my apartment. To practice and help me not be scared Salvador, me, and our son took a trip there and back and everything was fine. When I met Mrs. Carmen, she told me "I don't need help but apparently my sister likes you. Clean the house and take care of my two kids. I'll pay you $50 per week." I crossed my fingers, hoping that this time they would actually pay me. This woman, who I remember fondly and am grateful for, let me take my little Alejandro every day and when it was time to register him for school she let me use her address to register him in the area.

This is how my son started his first school year in this great country. Of course, I was very emotional and happy. I loved taking him to school every morning and I would happily walk to work from there. On my walk I would think about seeing my little boy trying to make friends without speaking the same language. He was accepted by all the kids and his teacher. I saw how he loved going to school. He inspired me. He gave me the strength I needed not to give up. To him every day was full of dreams. I could see that his future would be different than his dad and I had growing up. He had a country full of opportunity. When we lived in Mexico, I never imagined that I would see him speaking English or speaking in school in the United States. I wanted to run to Mexico and tell everyone that my son, the poorest in the family, spoke English and his life was going to be incredibly beautiful. He was going to be someone.

To make this come true I had to protect him. During our commute to work we had to switch busses in downtown San Diego. There was a lot of Border Patrol in this area. This risk would take us as far as running and hiding in buildings so those that could deport us could not see us. He held my hand and I would squeeze it so hard so I would not lose him in the crowds as I looked for somewhere to hide until it was safe. Even like this I was never late and never missed work and he finished Kindergarten very happy.

My neighborhood was entirely Spanish. All you would hear was "They crossed last night", "They deported him a week ago", *La Migra* grabbed them at work". I had new friends in the neighborhood and one day one of my neighbors asked to talk to me in private. She told me "An American owns the building in front of us, and there's talk that if we move to his building, he'd help us qualify for a rental assistance program. I do not know what any of it was, but he says he wants to help the Mexicans. What do you think? Talk to your husband and

I'll talk to mine and we'll talk again tomorrow." We met up the next day and she told me "My husband says it's not true. It's a scam and we won't move." We kept asking around and one day the American wanted to talk to us and to our surprise he spoke Spanish. He explained everything to us, and it seemed very risky. We would have to pay rent until we were accepted into the program, but the wait time was indefinite. The rent was a lot higher than where we lived but we would have an apartment with three bedrooms, two bathrooms, completely remodeled, and new paint, and carpet. Even though the rent was higher he would charge us less, so my friend and I decided that we would try to convince our husbands to take the risk. After we moved Salvador found a stable, full-time job that paid very well. We got enough money to pay the rent. Around this same time came traditional American holidays. It was Halloween and I was so excited to dress up my little Alejandro. Salvador was in charge of painting his face like Dracula. I remember being proud to take the bus with him and the passengers on the bus would laugh with him. They had fun with him. I did not know that it was a cheap, common costume. To me it was magical.

The most marvelous, incredible, and unforgettable Christmas that my son has had in his life was given to him by an American with lots of gifts and toys who came to our apartment door and decided to spend Christmas with us. He enjoyed dinner with us, and I wanted to repay him with a typical Mexican celebration with pinatas, candies, a Mexican dinner, music, and singing. But where did this kind person come from? A real Santa Claus. At my son's school they passed along information to rich people who wanted to do something charitable for poor families and we had been chosen. Once again, I saw that Americans were good people.

All of this happened in only ten months. With faith and patience. We kept waiting for the payment from the rental assistance program. At the same time someone told us of a small office where we could start taking the first steps to getting work visas and documents to protect me and my son and not be illegal, running away so we don't get deported. Salvador was in the middle of getting his documents to become a permanent resident since before I got to San Diego. Trying to get your documents was very risky at this time. You did not know if someone was going to take your money and not make any arrangements. We got really lucky. We really got the first permits after many days waiting in long lines in the buildings of San Diego with my small son very early in the morning, hungry, really cold, and really scared that in that moment they'd pick us up and kick us out of the country. We also got the payment from the rental assistance program. Nothing was easy. We had to try hard, long lines waiting in offices, interviews, providing proof, meeting requirements, having patience and faith.

In Fall of 1990, on Saturday, October 20 came into our lives the first American citizen in all our family. My small doll named Brenda Desiree. The conditions of the birth and life were very different than my little Alejandro in Mexico and it was marvelous. Not giving birth to my doll in fear of poverty. It made me smile. It gave me happiness that she was born into a home where her room would be decorated beautifully. She would not be deprived. She would have a lot of toys, security, and she was protected by the laws of this country from the moment she was born. Her life would be different. The rental assistance program was for as long as we wanted and valid in the whole country. This gave us the opportunity to aspire to live in more secure areas with better schools. Two years later we were able to move back to where we lived when this adventure started.

It was in 1993 when Salvador had one of the worst accidents of his life. He fell from the third floor of a building where he was working. I was told he was in serious condition in the hospital. I did not drive, and I had two kids. His friends would give me a ride to the hospital every day. I would take care of him all day and at night the same friends would take me home. Another friend would take care of my kids. It was ten long days before Salvador got out of the hospital. It turned our lives around.

Salvador had to decide what to do with his life. He did not aspire to much so I intervened and suggested what I thought would be a beneficial opportunity for the family. There were obstacles and he was denied the opportunity to learn a technical career because of his poor English. This is where I saw what the system wanted of Hispanic people. Not to grow, not to want for more, not to educate yourself, to lose opportunities, and live a life without aspirations, as if you did not deserve more than a mediocre life. Salvador had to stand firm and not let them deny him this opportunity in a technical career in which he still works to this day.

His appearance changed. Instead of wearing worn clothes to wash windows he wore a nice shirt and tie with slacks and shiny, clean shoes. He now worked in offices where they spoke English and I felt so proud. I wanted my family to see he had changed. He was not some poor man I had married, and my children would be proud to have a dad with an education and career he earned in this country. Proud that their dad had the second-best grades, only because the one with the best grades was American and obviously spoke better English. Here I saw that the system could support immigrants and had a lot of opportunities for families with big dreams. There would be less poverty, less kids turning to drugs, and more kids going to college because they were motivated by their parents. Watching them escape poverty.

During this time I was able to get my first immigration permit to be able to leave the country and we ran to see our families, it had been four years since

I saw them. They were long years where I was drowning in depression. I did not know if I would ever be able to come back just to share a meal with them. I did not know if I would ever visit the streets I grew up in. I did not know if I would ever see my brothers and my mom's faces again. I did not know if they would ever see Alejandro again or get to meet my daughter. I spent a lot of days and nights crying, not knowing when I would hug them again.

While everything was happening, I returned to the school with my little doll. I heard there was a test I could take to get my GED. I investigated, took a practice exam, and passed it in that instant. From there they gave me directions to a college where I would take the actual exam. After some time, my certificate arrived as well as congratulations for having passed it with one of the best grades. I felt proud because I did not study for the exam. I had been in this country for five years and finished school six years ago, but I could see how smart I was.

Upon our return came another change for us because of Salvador's job. In 1994 we moved to Vista, California to the most beautiful apartment we had lived in and we furnished it nicely. There we were surprised by the last of my little angels, Christopher Kevin. He brought a lot of happiness to us and his siblings. A few months after he was born Salvador received the recognition of Technician of the Year at his job and it was only his first year working there. He was awarded an all-expenses paid two-week vacation to Hawaii for him and me. No one in the entire company had ever won this award after such a short time working there. Even less someone who did not speak English well. This motivated me to find another job to save up to by a small house. We were a family of five now, and though we lived happily, we were cramped in the apartment. I was hired by a company to load toolboxes, the lowest position available. Three months later I was promoted to the assistant of the floor supervisor. The supervisor said to me, "I've seen how smart, responsible, and punctual you are. You have surpassed people who have worked here for years. I need you in my office." Three years later I was promoted to the planning department, with my own office, working with the Americans. Clients visited from around the world and at meetings they'd say "We chose you because no one knows our plans better than you. You know exactly where everything is and you knew our inventories better than any supervisor. Who else could be better for this than you?"

In December of 1999, after ten years of living in this country, we got the keys to our new house in Temecula, California. Pomona, California saw my face covered in tears the month of October 2006 after hearing President George Bush welcoming us as U.S. Citizens. With great pride and my hand in my heart I swore the oath. I felt that great love that I had always felt for this country. I had respected all its laws and complied with every requirement. I wanted to kiss the

American flag and say "THANK YOU! You have given me a life without poverty and thanks to you I will never be poor again. You made it possible for my kids not to have to experience poverty. You have given me a full life. Thank you for treating me better and giving me more than my country". Thanks to everyone that helped and supported me for making this possible. Thank you to my son Alejandro for dedicating himself to taking care of and protecting his siblings while his parents worked. He was very responsible, and he always wanted his parents to achieve their dreams. That same month, on October 19, 2006, we opened our first business. A cafe in Tijuana that remains open to this day. In 2009 we moved to Chula Vista, CA and in 2015 we bought a condo in the area. My son Alejandro, after dedicating himself to being a paramedic, returned to college to change careers. In May 2020 he was accepted to all six universities he applied to. One of them is one of the best universities in the world. I was so happy and proud to have such a smart son and it reminds me of little Alejandro in his first class. I told myself that I can go back to Mexico satisfied. I got everything I could out of this country, and I did not feel like a failure.

My little doll Brenda graduated from UCSD in 2016 with a bachelor's degree in History after serving this country in the Navy. Now she works in an office in Balboa Park as the Ticketing Manager - a place full of some of our first memories in this country. I never imagined that I would see her working there, when I visited in her office, I was very excited I could not believe it. My little angel Chris works in a pizzeria and is studying the career as Dramatic Screen Writing (film) at Southwestern College. I know he will achieve his dreams, each one of my children carries in their blood the strength.

In 2016 finally they granted my mom visa and for the first time she visited us in Christmas 2016,I decided to take her to the Coronado island because its a beautiful place I had no other intention just enjoy time with my mom, walking and observing the waters and the buildings of the San Diego city suddenly it came to mind the days from 27 years ago when I was walking exactly in the same area and with tears in my eyes I said "I wish my mom was seeing all this". And then my mind returned to the present and amazed I saw that I was right there and that my mom was there seeing what I wished she saw, God had granted me that desire of my heart. We have traveled to Japan, Italy, France Venice, London and three of the Hawaiian Islands. Every time they stamp my American passport, I was full of pride, but I felt so special being recognized as Mexican everywhere I visited. I loved representing Mexico.

I was the first in my family to emigrate to a foreign country. I was the first woman to have the strength to break the chains of poverty. I remember my grandma asking me in the bus terminal, "Why are you going?", "Why are you so scared of being poor?" To them it was acceptable to be poor. To them wanting a better life was unthinkable. I never planned it and all these years I have had an unanswered question up until a few days ago.

I was recently on vacation in Cancun, Mexico. I was not there to enjoy my family; I was there to enjoy an unexpected gift that God had for me. I was not accompanied. I was alone - now separated from Salvador and with my adult children, standing in front of the turquoise blue ocean. The ocean seemed infinite. I gave thanks to The Creator for the inexplicable beauty of nature and for the immense wealth of my life. I felt fully satisfied with myself. I smiled and cried. I was standing there in peace. Later I walked to a mall where a painting called my attention.

The painting had an inscription:

EVERYTHING STARTS WITH A DREAM

Braulia means *the shine of the sword*
With qualities of a leader and determination!

Cuando la Pandemia Pase

Escrito y Traducido por

Leticia Calderón

Hoy la vida ha cambiado, "tú y yo" hemos cambiado, el mundo ha cambiado, ¡el ritmo de vida ahora es más lento y pareciera que no hay vida! Ya que mucha gente tuvo que dejar de trabajar, se puede escuchar el silencio, se siente la soledad a tu alrededor, las calles están vacías, los parques, las iglesias, las oficinas, los centros comerciales están vacíos, los hoteles y las escuelas están vacías. Nos ataca un virus muy contagioso (coronavirus) casi invisible pero tan fuerte que debemos estar en nuestras casas para protegernos de él. Debemos salir sólo a lo indispensable y usar mascarillas, desinfectar todos los alimento y superficies.

Este virus ha cobrado miles de vidas en el mundo entero, la vida de un padre, la vida de un hijo, la vida de un hermano, de un amigo, de un vecino. Han pasado meses y mucha gente no ha regresado a trabajar y muchos han perdido sus trabajos. Agradezco a todos los que han trabajado gracias a ellos hemos tenido todas las provisiones para pasar este confinamiento, ruego a Dios por todos ellos especialmente a los que trabajan en los Hospitales ya que ellos se han convertido en "Héroes" arriesgando sus vidas para salvar otras. Hoy la vida es tan incierta y miro al cielo agradecida y apenada con Dios y de rodillas le ruego para que esto termine pronto.

Reconozco los frágiles que somos los seres humanos ante esta pandemia del COVID 19. Hoy hemos aprendido a valorar más la "vida", valorar más a la familia y a los amigos de los cuales hemos tenido que estar separados para protegernos. Pero no todo ha sido malo, hemos hecho cosas diferentes, pasamos más tiempo con la familia hacemos reuniones virtuales para celebrar los cumpleaños y las graduaciones y hemos podido ver múltiples talleres, los cuales nos han enseñado algunas herramientas para sobrellevar este confinamiento.

Cuando la Pandemia pase
Seamos sobrevivientes del COVID19,
Seremos más AGRADECIDOS
Seremos más COMPASIVOS y
Seremos BENDECIDOS
Tan solo por el hecho de estar VIVOS.

Cuando la pandemia pase

"Te pido a Dios apenado que nos devuelvas mejores como nos habías soñado"

When the Pandemic Passes

Written and Translated by

Leticia Calderón

Today life has changed. You and I have changed - the world has changed. The rhythm of life is now slower, and it seems that there is no life! Since many people had to stop working, you can hear the silence. You feel the loneliness around you - the streets are empty - the parks, churches, offices, and shopping malls are empty – hotels and schools are all empty.

We were attacked by a very contagious virus, almost invisible, but so strong that we must remain inside our homes to protect ourselves. We must go out only for necessary purposes, wear masks, and disinfect all food and surfaces. This virus has claimed thousands of lives around the world, the lives of fathers, sons, brothers, friends, and the lives of neighbors.

Months have passed and many people have not returned to work and many have lost their jobs. I am grateful to all those who have kept working, thanks to them we have food and essentials to get through this stage of confinement. I pray to God for all those people, especially those who work in hospitals. They have become real heroes and have risked their lives to save others.

Today life is so uncertain, I look to the sky, grateful to God, yet ashamed, praying so all this ends soon. I realize how fragile humans are in the face of this pandemic COVID 19. Today we have learned to value LIFE, family, and friends as we must stay apart to protect each other.

But not everything has been bad, we have done different things. We spend more time with family, we have virtual reunions to celebrate birthdays, graduations and we have been able to learn from workshops that have taught us how to overcome this confinement.

When the pandemic passes -
We will become survivors of COVID 19
We will be more GRATEFUL
We will be more COMPASSIONATE
And we will be BLESSED
Just for the fact of being ALIVE
When the Pandemic ends

"I ask God, that you let us return as better people than we were before"

Pies Descalzos

Escrito y Traducido por

Nora Silvia Cardoza Ochoa

¿Quién no sonríe al recordar los mejores momentos de la niñez cuando ya han pasado los años y nos vienen a la memoria los juegos, fiestas de cumpleaños, navidades y los primeros días en la escuela? Para algunos sus primeros días de escuela puede que no hayan sido una experiencia tan afortunada, pero para mí fue algo muy especial.

Nací en Matehuala, S. L. P, México, un pueblo antiguo, típico y pequeño donde la mayoría de las personas se conocían y las puertas de las casas siempre estaban abiertas. Los niños podíamos jugar libremente en la calle porque había muy poco tráfico vehicular y uno que otro animal de carga circulando. Fui la segunda hija de siete hermanos, pero en ese tiempo sólo éramos mi hermana mayor, a la que cariñosamente llamamos "Paty" y mi hermana pequeña llamada "Verónica".

Transcurría el año de 1962 cuando mis padres eran aún muy jóvenes y trabajaban fuerte para formar su patrimonio, así que mi madre laboraba como secretaria en el pueblo, mientras mi padre trabajaba en Tijuana. Eran los tiempos en que muy pocas mujeres trabajaban fuera del hogar, así que recuerdo haber visto a mi madre hacer malabares para atendernos por lo que mi abuela y mi querida nana "Chema" apoyaban a mamá en nuestro cuidado.
En mi pueblo existía una escuela particular que todos la llamaban "La Escuela de Trinita". Trinita era una persona de edad madura, casada, pero sin hijos, ella se dedicaba a enseñar a los pequeños sus primeras letras antes de ingresar al jardín de niños, y en el verano era común que asistieran a su escuela niños de diferentes grados de primaria para reforzar la lectura, escritura o matemáticas.

La escuela se ubicaba en la humilde casa de Trinita, la infraestructura era muy precaria, pues había un pizarrón y dos vigas de madera soportadas sobre dos bloques de cemento de cada lado, que servían como asientos para los niños. Era un cálido verano de ese año cuando yo tenía casi cuatro años y mi hermana Paty cinco. Oficialmente entraríamos a la escuela el próximo ciclo escolar y para prepararnos nos inscribieron en la escuela de "Trinita", ubicaba a dos cuadras de la casa de nuestros abuelos con los que vivíamos en ese tiempo. Una noche antes de ir a la escuela por primera vez, casi no dormí, viendo mi mochila multicolor y preocupada por no quedarme dormida y llegar tarde. Recuerdo con emoción mi primer día de clase, nuestra madre nos arregló muy bonito para la ocasión, y de la mano de mamá llegamos puntualmente a la escuela. Cuando llegamos la mayoría de los niños ya estaban sentados en el salón de clase, había alumnos de diferentes edades, pero predominaban los niños pequeños. Para mi sorpresa, ¡la mayoría no llevaban zapatos!, lucían ropa humilde y limpia, pero con los pies descalzos, recuerdo que pensé, ¿por qué nosotros y otro pequeño grupo de niños teníamos zapatos y la mayoría no? También mamá nos dijo que había llevado previamente a la escuela la mesita y dos sillas pequeñas en la que comíamos en casa para que nos sentáramos mi hermana y yo, así que nuevamente me pregunté "¿porque nosotros tenemos otro lugar para sentarnos?"

Nos sentamos en nuestras sillas y recuerdo las miradas curiosas de los niños viendo nuestro mobiliario, creo que lo que más les llamaba la atención era que las sillas tenían una calcomanía de flores muy llamativa en el respaldo, con la que podíamos identificar mi hermana y yo nuestra silla

Pasado un buen rato una niña, que estaba sentada en la viga de madera a un lado mío, me preguntó si podía sentarse en mi silla para saber que se sentía, recuerdo que con gusto le cedí el lugar y yo tomé el suyo, la verdad que yo también quería sentir la experiencia de sentarme en esa viga de madera, aunque inmediatamente me di cuenta de que se me dificultaba escribir en el cuaderno por la incómoda posición. La mayoría de los niños tenían una tablita sobre sus piernas donde apoyaban su libreta y podían escribir.

Al poco rato un niño le pidió lo mismo a mi hermana quien también accedió a prestarle su silla y ocupar su lugar. La maestra Trinita era muy seria, estricta y no mostraba preferencias por ninguno, sin embargo, nunca cuestionó porqué cambiábamos de lugar, recuerdo que sólo sonreía con una especie de complicidad, creo que entendía que la posición que tenían los niños era muy incómoda. A la hora de trabajar sus reglas eran muy claras, recuerdo sus palabras, "silencio mientras se trabaja". De acuerdo con nuestra edad nos asignó trabajo a todos y ese espacio ella lo aprovechó para limpiar las jaulas de sus pájaros y darles de comer. Desde mi lugar yo podía ver una variedad de pájaros aleteando, ¡eran hermosos! Había azules, amarillos y verdes, todos escuchábamos el alboroto que hacían.

¡Y llegó la hora del recreo!, los niños se acercaron a ofrecernos las golosinas que traían de sus casas, las golosinas eran simplemente pequeñas bolsitas de papel recicladas que contenían azúcar. Tímidamente aceptamos las bolsitas con azúcar y después nos invitaron a jugar. Fue un día de compartir y convivir por primera vez con niños que nunca habíamos visto. Al terminar la jornada mi hermana y yo emprendimos el regreso a casa solas, recuerdo haber sentido una sensación de independencia. En el camino le hice la pregunta a mi hermana sobre el porqué no todos los niños tenían zapatos, a lo que encogió sus hombros y me dijo "¡no lo sé!".

Al siguiente día convencimos a nuestra madre que ya no era necesario que nos llevara a la escuela, pues ya conocíamos el camino.

Al salir de casa, mi hermana Paty y yo, comentamos que si la mayoría de los niños iban descalzos a la escuela, nosotros deberíamos de ir igual que ellos. Así que decidimos en la esquina de la casa quitarnos los zapatos y calcetines, dejarlos en la calle e irnos a la escuela descalzas. Al llegar a la escuela la maestra nos preguntó, "¿en dónde están sus zapatos?", a lo que respondimos "se quedaron en la calle", la maestra Trinita mostraba una cara de asombro y preocupación mientras los niños nos veían con una sonrisa. Pasado un rato nuestra madre llegó a la escuela con la cara de angustia cargando los zapatos y calcetines en sus manos y preguntando a la maestra si habíamos llegado, porque había salido rumbo a su trabajo y se encontró nuestros zapatos y calcetines en la esquina de la calle donde vivíamos. Tal vez permanecieron ahí como media hora antes de que mamá los encontrara.

La maestra nos permitió ese día estar descalzas en la escuela y me invadió un sentimiento de felicidad y libertad al sentir el contacto de la tierra en mis pies y una extraordinaria conexión con todos los niños.

Fue una estancia de escuela de verano maravillosa, aprendimos nuestras primeras letras y varias veces permanecimos descalzas en la escuela. Compartimos nuestras sillas, golosinas y mis zapatos, recuerdo cuando una niña me pidió si podía usarlos porque nuestro pie era del mismo tamaño. Todos los niños compartieron con nosotros sus golosinas, juegos y alegría. Disfruté tanto como lo puede hacer un niño de manera natural, creo que mi hermana lo disfruto tanto como yo.

Ahora reflexiono y veo que, aunque los niños no tenían muchos recursos económicos eran muy respetuosos y tenían una gran riqueza de valores y de corazón. Los años han pasado y no recuerdo con precisión cuántos niños nos pidieron permiso para ocupar nuestras sillas, pero creo que todos los pequeños lo hicieron. Ahora retomo nuevamente esa página de mi vida y sólo puedo decir, "que sabios son los niños", y me pregunto en qué punto de nuestra existencia perdemos esa chispa de disfrutar el momento presente, el vivir en el ahora, libre de preocupaciones, compartiendo y disfrutando lo que se tiene, sin distinción de razas ni clases sociales. ¿Cuántas veces hemos visto a dos niños hablar diferente idioma y sin embargo poder jugar y entenderse?, o pelear y al poco rato olvidar y volver a jugar.

La esencia de un niño es vivir el presente, disfrutar, jugar, perdonar, compartir, hablar con sinceridad, no sentir miedo, disfrutar la naturaleza, necesitar poco o nada para ser feliz y amar. Dicen que todos llevamos un niño dentro de nosotros, ¡volvamos a conectarnos con ese ser interior maravilloso!, pues sólo así, ¡haremos un mundo mejor.
¡Con mucho amor!

Barefoot

Written and Translated by

Nora Silvia Cardoza Ochoa

It is easy to smile when we remember great childhood memories after many years. The games, birthday parties, annual Christmas celebrations and the first day of school. For someone, the first day at school may not have been such a fortunate experience, but for me, it was something special.

I was born in Matehuala S.L.P. México in a picturesque town where most people knew each other, and the houses were always open. As children we could play freely in the street because there was little vehicular traffic and occasionally pack of animals circulated. I was the second daughter of seven siblings, but at that time it was just my older sister who we affectionately call "Paty" and my little sister named "Verónica".

In the year 1962, my parents were still young, and they were working hard to build some wealth and raise a family. My mother worked as a secretary in the town, while my father worked in Tijuana. This was during a time when very few women worked outside the home. I remember seeing my mother juggling her job and doing her best to take care of us. Luckily, my grandmother and my dear nanny "Chema" supported my mom when things got too busy.

In my town there was a private school that everyone called "The Trinita School". Trinita was a mature older woman, married, but childless, and she dedicated her life to teaching children their first letters and numbers before entering kindergarten. In the summer it was common for children from different elementary grades to attend Trinita's school and learn reading, writing and mathematics.

The school was in the Trinita's humble house and the infrastructure was very precarious. There was a blackboard and two wooden beams supported on two concrete blocks on each side, which served as seats for the children. It was a warm summer of that year when I was almost four years old and my sister Paty was five. Officially we would enter kindergarten the following school year, so to prepare we were enrolled in the "Trinita" school, which was located two blocks from our grandparent's house. We lived with our grandparents at that time.

One night before going to school for the first time, I hardly slept. I kept looking at my multicolored backpack and worried that I would be late if I did not fall asleep. I remember my first day of class with great emotion. Our mother dressed us incredibly beautiful for the first day of school and we arrived right on time. When we arrived most of the children were already sitting in the classroom, there were students of different ages, but small children predominated.

To my surprise, most of them were not wearing shoes! They wore clean and humble clothes but were barefoot. I remember asking the following question in my head, "why did we and another small group of children have shoes but they did not?" My mom delivered a table and two small chairs to the school so my sister and I would have a place to sit and eat. I again asked myself, "why did we have a place to sit and they did not?" We sat in our chairs and I remember the curious looks of the children seeing our furniture. I think what caught their attention the most was that the chairs had a very striking flower decal on the back, which made them easily identifiable.

After a long time, a girl who was sitting on the wooden beam next to me asked me if she could sit in my chair. She wanted to know how it felt to sit in the chair and I wanted to sit on the beam. I remember gladly giving her my place and I took her place. I immediately realized that it was very difficult for me to write in the notebook due to the uncomfortable position. Most of the children had a board on their legs where they supported their notebook. Soon a boy asked my sister the same thing. She agreed to lend the chair and take his place.

The teacher Trinita was profoundly serious, strict, and showed no preference for anybody, however, she never questioned why we changed places. I remember that she only smiled with a kind of complicity. I feel that she was a compassionate person and understood that each child's position was uncomfortable. When we worked and learned, her rules were clear. I always remember her words "silence while working!"

Based to our age, she would assign us work. Trinita has lots of pet birds. While we worked, she would clean the bird cages and feed the birds. From my place in her house, I could see a variety of birds flapping around. They were beautiful in different colors: blues, yellows, and greens. While working, the kids listened to the fuss they made. During recess, local children came to offer us sweets they brought from their houses. The sweets were simply small recycled paper bags containing sugar. Timidly we accepted the bags with sugar and then they invited us to play. It was a day of sharing with children that we had never seen before.

At the end of the day, my sister and I started home alone. I remember feeling a sense of independence. Along the way I asked my sister a question about why not all the children had shoes. She shrugged and said, "I don't know!" The next day we convinced our mother that it was no longer necessary to take us to school, since we already knew the way. When we left home, my sister Paty and I commented that if most of the children went barefoot to school, we should go just like them. We decided to take off our shoes and socks and leave them on the street near the house to go to school barefoot.

When we arrived at the school, the teacher asked us, "Where are your shoes?" We answered, "They are on the street." Trinita showed a face of wonder and concern as the children looked at us with a smile.

In a little while our mother came to school with an anguished face, and with shoes and socks in her hands. She asked the teacher if we had arrived, because she had left for her work and found our shoes and socks on the corner of the street where we lived. The shoes and socks were on the street for about half an hour before our mother found them.

The teacher allowed us to be barefoot at school that day. A feeling of happiness and freedom came over me as I felt the contact of the ground and the earth on my feet and an extraordinary connection with all the children.

It was a wonderful summer school session and an experience that I enjoyed. We learned our first letters, and several times we remained barefoot at school.

We share our chairs, sweets, and our shoes. I remember when a girl asked me if she could use them because we had the same sized feet. All the children shared their candies, games, and joy with us.

Like a child, I enjoyed being more natural and I think my sister enjoyed it as much as I did. Today, I reflect and see that although the children did not have many financial resources, they were respectful, and they had a great wealth of values and beautiful hearts.

Years have passed and I do not remember exactly how many children asked us for permission to sit in our chairs, but I think all the younger ones did. Now I return to that page of my life and I can only say "how wise children are". I wonder ... at what point in our existence we lose that innocence, spark of enjoying the present moment, living in the now, free of worries, enjoying what we have, without distinction of race or social class. How many times have we seen two children speak a different language and yet be able to play and understand each other? What about having a fight and after a short while forgetting and playing together again?

The essence of a child is to enjoy, play, forgive, share, speak honestly, not feel fear, enjoy nature, and need little or nothing to be happy and love. They say that we all carry a child within us, let us reconnect with that wonderful inner being - because only then, we will make a better world with lots of love.

Mi Pasión en la Vida

Escrito y Traducido por

Sylvia Hurtado Mendiola

Desde que era niña siempre tuve la idea de ser maestra. Recuerdo que me levantaba muy temprano, sentaba a mis muñecas en las sillitas de mi casita y les daba clases.

Cuando salí de secundaria, mi sueño era el mismo, así que me fui a estudiar para ser maestra de preescolar. El último año de mi carrera trabajé en una guardería en donde no me gustaba el trato que le daban a los niños, ahí creció mi interés por cuidar y apoyar a los niños lo más que pudiera.

Siempre tuve la intención de trabajar en la escuela que estudié desde que era pequeña, así que al terminar mi carrera lo primero que pensé fue en ir a pedir trabajo a ese Colegio. Lo conseguí, pero solo por 2 meses, ya que a pesar de que los niños me querían mucho y cumplía con todo lo asignado, los directivos pensaron que era muy joven para tener un grupo de 45 alumnos y yo tenía 20 años.

Tuve que irme y fue muy triste para mí ya que era mi primer trabajo ya como profesional, pero no todo estuvo mal, busqué trabajo y lo encontré muy rápido, trabajé por 4 años con niños de 3 a 5 años. En ese tiempo me casé y al cuarto año de trabajar me embaracé y me despidieron. A pesar de esto, mi vocación cada vez era más grande. Decidí ser dueña de mi propio jardín de niños, duré con él 2 años ya que en ese tiempo hubo inundaciones en Tijuana y mi escuelita quedó bajo el agua y el lodo. Terminé el ciclo escolar en casa de mi mamá, eso fue aún más doloroso, así que después pedí trabajo en otras escuelas en el nivel de preescolar, hasta que empecé a dar clases en primaria, ya tenía a mis 3 hijos y desde entonces la razón por la que cada vez quería ser una mejor maestra era para que ellos siempre estuvieran orgullosos de mí.

En el año 2006 ingresé a la Universidad de nuevo, ahora necesitaba otro título para poder dar clases a niños de primaria. A pesar de que fue un tiempo muy difícil para mí porque debía cumplir mi papel de esposa, maestra, mamá y estudiante, el esfuerzo valió la pena, terminé mi carrera con honores y seguí haciendo lo que más me gustaba. Durante los 30 años que trabajé en Tijuana tuve muchas experiencias agradables y desagradables con directivos, padres de familia y alumnos, pero fue una época con muchas satisfacciones y que además no cambiaría por nada.

Así, en el año 2016 fue el último año que trabajé en Tijuana, con la responsabilidad más grande, el sexto grado, el cual nunca había impartido, conocimientos nuevos, niños más grandes con necesidad de comprensión y amor. Fue un año difícil, pero creo que con las mejores experiencias que pude haber tenido, pero como todo, pensé que el ciclo en esa escuela había terminado para mí, en ese momento mis necesidades eran otras.

Llegó el 2019, el momento en el que debía venirme a Estados Unidos por cuestión de emigración, así que decidí empezar mi historia de este lado, pero con la misma ilusión, trabajar en una escuela, estando consciente de que mis títulos mexicanos no serían válidos en Estados Unidos.

Pero como a muchos les ha pasado, mi mayor obstáculo ha sido el inglés ya que además de no hablarlo he tenido la necesidad de hacer exámenes escritos en el distrito escolar y por el idioma me ha sido imposible pasarlos en su totalidad. Entré a la escuela de inglés y a la fecha sigo estudiando, pasé uno de los exámenes y me siento muy orgullosa de trabajar en una escuela, no como maestra, pero aprendiendo el sistema del distrito. Tengo contacto con alumnos de preescolar hasta sexto y aunque me ha sido muy difícil comunicarme tanto con el personal de la escuela como con algunos de los alumnos, sigo estudiando y practicando lo que voy aprendiendo para poder llegar a cumplir mi meta de "volver a dar clases". Lo bueno de esto es que he encontrado en la escuela personas muy buenas que me ayudan y sobre todo tengo el apoyo, amor y paciencia de mi familia, que son lo más importante de mi vida.

El idioma es lo único difícil de esta profesión, porque, aunque el sistema en este país es diferente al de Tijuana, mi amor por los niños siempre será el mismo.

My Passion in Life

Written and Translated by

Sylvia Hurtado Mendiola

Since I was a child, I always had the idea of being a teacher. I remember getting up very early. I sat my dolls in the chairs in my doll house and taught them.

When I finished high school, my dream was the same, so I studied to be a kindergarten teacher. The last year of my studies, I worked in a day care, but I did not like how they treated the children. Since that day, my interest has been to care and support children as much as possible.

I always has the intention of working at the school where I attended as a child. So, when I finished my degree, the first thing I thought to do was go and ask for a job. I was 20 years old then. Luckily, I got the job but only for two months. Even though the children loved me very much and I complied with all of my responsibilities, the principal thought I was too young to have a group of 45 students.

I had to leave, and it was very sad for me because it was my first job as a professional educator. I began my search for another teaching job and was lucky to find a job shortly after. I worked for four years in the new job with children from 3 to 5 years old. During my fourth year of work, I got married. Shortly thereafter I got pregnant which resulted in me getting fired.

Because of the unjust treatment from the two schools, I decided to open my own kindergarten. That worked well until two years after opening my school closed due to the floods in Tijuana. My little school was under water and filled with mud. At that point, I decided to finish the school year at my mom's house. That was even more painful so I later applied for a job at another preschool. I taught preschool and elementary school there. By that time, I already had my own three children. My goal was to always be a better and better teacher so that my own children would always be proud of me.

In 2006, I entered the university again. In order to teach elementary school, I needed another degree. Even though it was a very difficult time for me because I had to fulfill my role as wife, teacher, mother, and student, it was worth the effort. I finished my career with honors and continued doing what I loved to do. During the thirty years I worked in Tijuana I had many pleasant and unpleasant experiences with principals, parents, and students, but it was a time that I would not change for anything.

The last year I worked in Tijuana was 2016. That was the year I taught sixth grade, a grade I had never taught before. I learned a new curriculum, had new responsibilities, worked with older children – everything was new. It was a challenging year but was one of the best experiences I could have ever had. But like everything, I thought the cycle of teaching had come to an end.

In 2019, I moved to the United States. It was time to start a new story on this side of the border. Being a teacher never really left me, so I decided to find work in an American school. What I realized was my university degrees were not immediately valid in the United States.

Now, as I transition to my new life in the U.S., my biggest challenge is learning English. To get a job in a school, I must take a written test in English. I enrolled in English classes to one day pass the English exam. I am happy to say that I am making progress and passed the first of several exams. I was hired to work in a school so I can now spend time learning more English and learning about the how the school system operates. I have contact with students from preschool to sixth grade and although it has been very difficult for me to communicate with school staff and students, I continue studying and practicing what I am learning in order to achieve my goal of "returning to teach". The good thing about this is working alongside wonderful people who find strength in helping and supporting me with love and patience. This includes my family – the most important people in my life.

Language is the most difficult part of this profession, because, although the system in this country is different from that of Tijuana, my love for children will always be the same.

La Niña

Escrito y Traducido por

Verónica Galaz Cazeres

El significado y origen del nombre Verónica es el siguiente: Verónica es de origen Griego, y significa "*verdadera victoria*" o "*la que alcanza la victoria*". Otro significado con diferente origen es "*verdadera imagen*". Verónica proviene de la palabra "*berenice*", la palabra "*nike*" en griego (VIKN) significa victoria de ahí el significado. También hay otra teoría que Verónica proviene del latín al cambiar expresiones "*vera y ekion*". Los diminutivos del nombre son: Vero, Nicki, Nika, Vera, Ronni. En las variaciones para el nombre destaca Veronika y Veronique. La personalidad de las mujeres llamadas Verónica son alegres y sociales, saben relacionarse con facilidad, suelen ser responsables y tener un carácter fuerte cuando lo requiere.

Les compartí el origen y significado de mi nombre, pero la historia de por qué yo me llamo Verónica no es por lo que significa mi nombre o que me lo pusieron porque así se llama mi mamá o alguien de mi familia. La realidad del porqué yo me llamo Verónica es la siguiente: Eran los años setenta y mis padres Manuel y Celia y mis hermanos, Manuel Alberto de cuatro años y Raquel de dos años, vivían en la Ciudad de México cuando mi mamá supo que estaba embarazada por tercera vez. Su corazón decía que iba a tener un niño, empezó a decorar todo de color azul, comprar ropa azul y por supuesto a pensar en el nombre que le daría a su hijo. Pasaba y pasaba el tiempo y el embarazo avanzaba y ella estaba lista, todo de color azul y el nombre del niño "*Francisco Javier.*"

Llegó el día 29 de junio del año 1974, y se fueron al hospital. En la sala de espera estaban mi papá y mi hermano, cuando de pronto se prende una luz de color rosa, era la forma en que anunciaban que ya había nacido el bebé y daban a conocer el sexo. Mi mamá estaba totalmente dormida cuando yo nací, cuando despertó pidió ver a su niño y es cuando le dicen "*no señora, fue una niña*" ella no lo podía creer porque siempre pensó y sintió que era un niño.

Ya en casa pasaban los días y aquella niña era así "*la niña*" o "*la bebé*" no habían decidido mi nombre. Llego el momento de llevarme a poner vacunas y la enfermera le pregunta "*¿Cómo se llama la niña?*". Mi madre conmigo en brazos se quedó muda unos minutos, volteaba a los lados y el primero nombre que llegó a su cabeza fue "*Verónica*". Cuando llegamos a casa le dijo a mi papá "*la niña se llama Verónica, hoy lo decidí*". Es así el origen verdadero de mi nombre.

La diferencia de hoy en día es que hoy te pueden decir a unas cuantas semanas de embarazo el sexo del bebe.

Cuando yo era chica siempre bailaba con mi papá un vals que se llama "Alejandra". Siempre me dije cuando tenga una hija la llamaré Alejandra. Pasaron los años y mi padre murió. Después de tres años de su partida, el 27 de junio del 2000 nació mi hija y se llama Alejandra y me trae tantos recuerdos de cuando yo bailaba con mi papá.

The Girl

Written and Translated by

Verónica Galaz Cazares

The origin of the name Verónica is as follows. Verónica is of Greek origin meaning *the real victory* or *she who brings victory* and the Greek word *nike* meaning victory. Another significance to the name is *the real image*. Verónica is also derived from the word *Berenice* meaning *bearer of victory*. It is believed Verónica comes from Latin *vera* meaning *truth* and the Greek word *eikon* meaning *image*. Some of the nicknames that are derived from the name are Vero, Nicki, Nika, Vera, Ronni, Veronika y Veronique. The personality characteristics associated with the name Verónica are happiness, being social and capable of forging relationships with ease, responsible and strong-willed when needed.

I have shared the meaning and origin of the name Verónica but the real reason behind how I came to be known as Verónica is not what you would think. I was not named after my mother or a long-lost family member. It was the 1970s and my parents Manuel and Celia and siblings, Manuel Alberto, four years old and my sister Raquel, two years old, were living in Mexico City. My mother realized she was pregnant for a third time and exclaimed "oh no I'm having a baby again". Time passed and she believed in her heart that she was having a baby boy. She began decorating everything blue, buying blue colored clothing, and of course began thinking of a name for her new baby boy. As her pregnancy moved forward, she was set on the name Francisco Javier.

June 29, 1974 finally arrived, and she went to the hospital. In the maternity lobby were my father, brother, and sister, waiting for the baby to arrive. Finally, I was born, and a pink light was lit. In my culture, a child's gender was noted by lighting a corresponding candle. My mother was dead asleep when I was born and had no idea a girl was born. When she awoke, she said "I want to see my baby boy". "No ma'am, you had a girl," the nurse said. "I did," she could not believe it. She felt in her heart and believed she was going to have a boy.

As time went on, I was known as "the girl" or "the baby" as they had not yet decided on a name. The day arrived when they had to take me to the local clinic to get vaccinated. The nurse asked, "what is your child's name?" My mother was taken aback and stood quietly fidgeting, looking side to side, at the nurse and then said the first name that jumped into her head – Verónica! When we arrived at home she said aloud "I decided today, her name is Verónica." That is the true story of how the name Verónica came about. The difference today is that you can find out the gender of the child after a few weeks in the pregnancy with plenty of time to choose a name.

When I was very young, I used to dance a waltz with my father called "Alejandra" and told myself "if I ever have a daughter, I will name her Alejandra." As years went on, my father passed away and my daughter Alejandra was born three years later on June 27, 2000. She brings forward many memories when I was a small girl dancing with my father.

Sobre las Autoras - About the Authors

Amalia

Amalia nació en Guadalajara Jalisco, México el 22 de mayo de 1975. Es la mayor de cuatro hermanos y de padres honorables. Es Enfermera Pediátrica desde el 2008. Su pasión es el servicio, disfruta escribir poemas y tocar su violín. Ama a su esposo y sus tres hijos varones.

*****

Amalia was born in Guadalajara Jalisco, Mexico on May 22, 1975. She is the eldest of four siblings and honorable parents. She has been a Pediatric Nurse since 2008. Serving as a pediatric nurse is her passion. Amalia also enjoys writing poems and playing violin. She loves her husband and three sons with all her heart.

Braulia

Braulia nació en la ciudad de Coatzacoalcos, Veracruz, México el 29 de mayo de 1964. Sus padres son Felix Sanchez Naranjillo y Graciela Hernandez Navia. Los primeros años de su infancia vivió en la ciudad de Acayucan, Veracruz, México. De los 8 a los 25 años vivió en la ciudad de Irapuato, Guanajuato, México. Es la única hija mujer de su familia y tiene tres hermanos: Conrado, Silverio Enrique y Edgar Israel. Estudió para ser maestra de escuela primaria y ahora estudia para ser maestra certificada de Yoga. También toma clases de inglés avanzada y computación. Su ocupación actual es cuidado de niños americanos y educarlos para que aprendan a hablar, escribir y leer el idioma español.

*****

Braulia was born in Coatzacoalcos, Veracruz, México on May 29, 1964. Her parents are Felix Sanchez Naranjillo and Graciela Hernandez Navia. She lived the first years of her childhood in the city of Acayucan, Veracruz, Mexico, then, from 8-25 years, she lived in the city of Irapuato, Guanajuato, Mexico. She is the only daughter in her family. She has three brothers: Conrado, Silverio Enrique y Edgar Israel. Earlier in life, she studied to be an elementary school teacher. Currently, she is studying to become a certified yoga teacher. In addition, she takes advanced English and computer classes. Her current occupation includes taking care of American children. One of her greatest responsibilities is to teach the children how to speak, write and read the Spanish language.

Leticia

Leticia nació en el estado de Michoacán, México. Radica en San Diego, CA desde el 2003 Está casada y tiene dos hijos. Leticia ama la naturaleza.

*****

Leticia was born in Michoacán, Mexico. She has lived in San Diego California since 2003. She is married and has two children. Leticia loves nature.

Nora Silvia

Nora Silvia nació en Matehuala S.L.P., México. Es la segunda de siete hermanos y vivió en su pueblo natal hasta los quince años. Impulsada por sus padres, continuó sus estudios logrando una licenciatura y maestría en ingeniería. Su pasión ha sido la enseñanza en temas de ingeniería industrial, labor a la que se dedicó durante 35 años, trasmitiendo sus conocimientos con amor y entrega a sus estudiantes.

*****

Nora Silvia was born in Matehuala S.L.P. México. She is the second of seven siblings and lived in her hometown until she was fifteen years old. Encouraged by her parents to continue her studies, she achieved a bachelor's and master's degree in engineering. Her passion has been teaching industrial engineering topics and working where she dedicated herself for 35 years. Her goal is to transmit her knowledge with love and dedication to her students.

Silvia

Silvia es una mujer de 53 años, nacida en Tijuana, B.C., México. Ella es la menor de cuatro hermanos. Tiene 31 años de casada en los cuales ha logrado cumplir el sueño que tuvo desde pequeña; tener una familia formada por un marido y tres hijos que son su razón de ser y de los cuales está muy orgullosa. Se recibió como maestra de preescolar y más tarde realizó la licenciatura en educación, la cual le dio la oportunidad de trabajar en la sección primaria. Dedicó 30 años de su vida a dar clases en diferentes grados y escuelas. Es una mujer muy responsable, trabajadora, detallista, observadora y muy sentimental. Ha dedicado su vida a trabajar, cuidar de su familia y ayudar a los niños, no sólo en cuestión educativa, sino en la emocional que para ella es una parte importante para lograr ser un buen ser humano. Es una persona que lucha día a día por ser mejor persona y conseguir la meta que se propone, aunque no siempre es fácil. A la fecha, sigue estudiando para lograr sus objetivos y en espera de su primera nieta, la cual vendrá a darle más luz a su vida.

*****

Silvia is 53 years old. She was born in Tijuana B.C. Mexico and is the youngest of four siblings. She has been married for 31 years where she has managed to fulfill the dream she had since she was little - to have a family - a husband and three children who are her reason for being and of whom she is very proud. Sylvia worked as a preschool teacher and later completed a bachelor's degree in education, which gave her the opportunity to work in an elementary school. She spent 30 years of her life teaching in different grades and schools. She is a very responsible, hard-working, thoughtful, observant, and sentimental woman. She has dedicated her life to work, taking care of her family and helping children not only in educational matters but also emotional, which for her is an important part of being a good human being. She is a person who strives day by day to be better and achieve the goals that she sets herself - although it is not always easy. To date, she continues studying to achieve her goals and is also awaiting her first granddaughter, who will soon give more light to her life.

Verónica

Verónica Galaz Cazares es la menor de tres hermanos. Su hermano mayor se llama Manuel Alberto y su hermana se llama Raquel. Sus padres son de Mexicali y se llaman Manuel Galaz Bazua y Celia Cazares Méndez. Verónica y su hermana nacieron en la Ciudad de México, D.F. Raquel nació el 20 de octubre de 1972 y Verónica el 29 de junio de 1974. A los seis meses de su nacimiento se mudaron a la ciudad de Tijuana, BC, que es donde creció. Asistió a la primaria Francisco I Madero y su escuela secundaria se llama presidente Lázaro Cárdenas, que muchos la conocen como "la poly". La preparatoria la cursó en la escuela Lic. Benito Juárez. Después de ahí se fue a la universidad de nombre Instituto Tecnológico de Tijuana en donde cursó la carrera Relaciones Industriales, que trata sobre la gerencia de recursos humanos.

Cuando estaba estudiando la carrera Verónica trabajaba en el banco HSBC. Ahí estuvo por algunos años y por varios departamentos hasta que tuvo la oportunidad de entrar a Recursos Humanos. Esa fue una experiencia muy agradable porque fue la oportunidad de aplicar todo lo que ella estaba aprendiendo. Se casó cuando terminó su carrera un año después. A los tres años nació su hija mayor, Alejandra, y cinco años después nacieron Kianna y Hannah que son gemelas. Vinieron a cambiar su vida, pero siempre ha sido para bien. Después de 15 años de ese matrimonio, les tocó a sus hijas y a ella empezar de nuevo, no fue fácil porque estaban en un país que no era el suyo y la carrera que Verónica había estudiado en México no era la misma en USA. Empezó a buscar trabajo hasta que un día tuvo la idea de buscar empleo en el distrito escolar para no dejar a sus hijas. Sí tuvo la suerte después de un año de todo un proceso. Entró a trabajar ahí de conserje de escuelas. Siempre ha agradecido a Dios que le dio un trabajo y ha podido sacar a sus hijas adelante. Ahí la vida le dio la oportunidad de conocer a una persona muy especial que con el paso del tiempo se ha convertido en su mejor amigo, el mejor maestro de teatro, compañero, confidente de sus hijas y un esposo excepcional. Dice Verónica: "No ha sido fácil, pero ha valido la pena, la vida nos enseña qué tan fuertes somos ante circunstancias que jamás pensamos que las vamos a vivir".

*****

Verónica Galaz Cazares is the youngest of three siblings. Her older brother's name is Manuel Alberto and her sister's name is Raquel. Her parents, Manuel Galaz Bazua and Celia Cazares Méndez, are from Mexicali, México. Verónica and her sister were born in Mexico City. Raquel was born on October 20, 1972 and Verónica was born on June 29, 1974. Six months after Verónica was born, her family moved to Tijuana BC, where she was raised. She went to Francisco I Madero elementary school, Lázaro Cárdenas middle school, which is known as "la Poly", and Benito Juárez high school. She then went to the University Instituto Tecnológico de Tijuana where she majored in Human Resources.

While she was finishing her university studies, she worked at HSBC bank where she worked for several years and in various departments, including Human Resources. It was a wonderful experience where she was able to apply what she was learning in school. She got married a year after graduating from the university and had her first daughter Alejandra and five years later fraternal twins Kianna and Hannah were born. The birth of her daughters had a very positive impact on her life. After 15 years of marriage, Verónica and her daughters started over again. It was not an easy transition. She was living in a foreign country with a foreign degree and career that was invalid. She began looking for work with no luck until she was fortunate to apply for a job at an elementary school district. After waiting for an entire year, she was eventually hired as a night custodian. She thanks God for allowing her to have the good fortune of finding a job allowing her to move forward and provide for her daughters. Above all, she met someone very special - the best theatre teacher who has become her best friend, companion, mentor to her daughters and an exceptional husband. It has not been easy, but it has been worthwhile. Life teaches us how strong we are under circumstances that we never think we are going to live.

Reflexiones – Reflections

Mi experiencia trabajando con este grupo fue muy agradable. Tuve la suerte de conocer a personas muy buenas, inteligentes y de gran corazón. Gracias por compartir sus experiencias de vida y hacerme parte de sus historias. Para todas: muchas gracias por su paciencia y por compartir sus conocimientos para ayudarme a ser mejor persona.

My experience working with this group was very pleasant. I was lucky to meet very sweet, intelligent people with great hearts. Thank you for sharing your life experiences and making me part of your stories. To all of you - thank you very much for your patience, sharing your knowledge and helping me become a better person.

Dios y la vida nos permiten conocer personas que enriquecen nuestra existencia al compartirnos sus experiencias, tal es el presente proyecto bilingüe en el cual se conjugan las historias de mujeres ejemplares con una alta sensibilidad por los valores familiares y de amistad; guiadas paso a paso por el invaluable compromiso y visión. Era un proyecto de vida y amor. "Un mandamiento nuevo os doy: Que os améis unos a otros; como yo os he amado, que también os améis unos a otros." Juan. 13:34 RV1960

God and life allows us to meet people who enrich our existence by sharing their experiences, such is the bilingual written project in which stories of exemplary women with high sensitivity to family values and friendship are combined; guided step by step with the invaluable commitment and vision. This was a project filled with life and love. "A new Commandment I give unto you, that ye love one another, as I have love you, that ye also love one another." John 13:34 KJV

En medio de la pandemia tuve la oportunidad de participar en la elaboración de un libro con excelentes personas. Agradezco a todas mis compañeras por esta experiencia.

In the middle of the pandemic, I had the opportunity to participate in the development of this book, with excellent people. I thank all my colleagues for this experience.

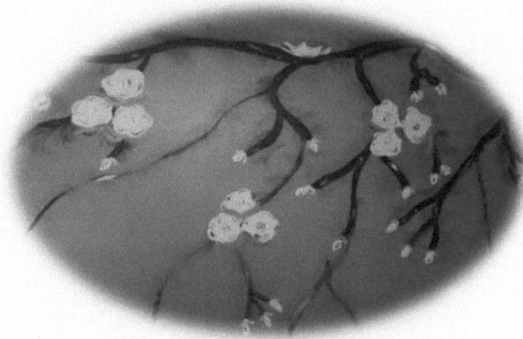

www.ingramcontent.com/pod-product-compliance
Lightning Source LLC
LaVergne TN
LVHW072052070426
835508LV00002B/64